生き方の問題なんだ。

大嶋重徳・桑島みくに・佐藤勇・吉村直人［著］

推薦のことば

日本福音キリスト教会連合 前橋キリスト教会牧師　内田和彦

現在の日本の状況、とりわけ戦前の国家主義に回帰しようとする動きの目立つ政治的状況において、聖書の教えに忠実に生きるとはどういうことなのか、若者たちの心に届く言葉で記された本書が出版されることを感謝します。「大嶋重徳とその仲間たち」の切実な訴えを、シニア世代を含めて、私たちはどう受けとめるでしょうか。

本書はまず、聖書的な人生観、世界観のアウトラインを明らかにします。①創造に始まり、②堕罪、③救い、そして④救いの完成にいたる聖書のパノラマを見渡し、③と④の間、「すでに」と「いまだ」の間《はざま》に生きている私たちの立ち位置を示します。その土台の上に、主イエスの弟子として「平和をつくる者」となる道筋を模索するのです。

本書はまた、過去の歴史を率直に振り返りつつ、今私たちが生きている日本の状況をリアルタイムで語ります。戦後七十年、曲がりなりにも「平和憲法」の下で営まれてきた、この国の形が大きく変えられつつある「今」に、私たちの目を向けさせてくれます。「どうせ変わらない」とあきらめるのではなく、私たちが何をすべきか、何ができるのかを考えるよう、促すのです。

このように言うと、一部の意識の高い人たちが理想を論じているにすぎないと思うかもしれませんが、そうではありません。他の人から非難されない「安全圏」にとどまろうとする内なる誘惑に抗しながら、クリスチャンとして生きることを生活の全領域に広げようとする苦闘を、正直に告白しています。本書が真剣に向き合っているのは、今日の政治だけではなく、自らの弱い心でもあります。「興味をもてない」「政治思想が違う」といった言葉で対話を終わらせてしまう人々の思いでもあるのです。

本書の魅力の一つは、日常の若者言葉で聖書の真理を語っていることでしょう。「ついていけない」と思う方も、読み通していただきたい。表現ではなく中身を読み取っていただきたいのです。表現形式は異なっていても、言葉が生きている事実のゆえに、シニア世代に通じる普遍性があると私は信じます。

主イエスの教えに従って生きたい、神の国のプログラムを地上で現実のものとしたい、という熱い思いに、私たちは励まされます。若い世代に、主に対するそのような熱心があることに感動します。キリスト者であれば世代の違いを越えて、「イエス・キリストがあなたと一緒に、この世界でこの地で、神の国を建て上げたいと願っておられるから」（本書一八頁）という言葉に、チャレンジを覚えることでしょう。

教会の青年会や、キャンパスにおけるクリスチャンの集まりはもちろんのこと、シニアの方々の間でも読まれることを期待します。「日本人だったら神社参拝をするのは当然」と言われることを許さないために、いえ、積極的に言えば、今、この日本に生かされている使命を私たちが果たすために、この書が用いられるよう心から願うものです。

目次

推薦のことば　内田和彦　3

平和のつくり手となるために　大嶋重徳……9
◆神さまが人を造られた理由　10
◆神の愛、憐れみ　16
◆「神の国」を建て上げるとは？　18
◆「すでに」と「いまだ」、そして「やがて」　21
◆神の子どもになる　24
◆平和をつくる　26
◆「われわれ」として　31

キリストの愛に生かされる信仰者「クリスチャン」　吉村直人……39
◆序　39
◆〝安全圏クリスチャン〟　43

◆スーパークリスチャンではなく　45
◆〝クリスチャン〟？　47
◆〝正しさ〟の影に潜むもの　50
◆問われる愛の眼差し　53
◆礼拝者として生きる　57
すべての生活をキリスト者として
――学生たちと「政治」について語り合う中で気づいたこと　佐藤　勇……59
◆はじめに　59
◆「興味をもてない」という課題　62
◆「政治思想が違う」という課題　66
◆今、「政治」はどう語られるべきか　74
◆おわりに　80
この地で平和をつくるということ　桑島みくに……83
◆平和をおびやかす安保法制　84

◆当事者として　86
◆キリスト者としてこの地に生きるということ　89
◆平和の器として遣わしてください――二〇一六年　96

日本における教会と国家の歴史と今
――キリスト者が政治に関心を向ける理由　大嶋重徳……103
◆Ⅰ　日本の教会の歴史的過ち　103
◆Ⅱ　日本の宗教性、また日本の福音派キリスト教会の持っている体質　118
◆Ⅲ　今、キリスト教会に差し迫っている危機　122
◆Ⅳ　差し迫っている危機　信教の自由が奪われる　125
◆Ⅴ　最後に　135

書き終えて――　142

本文写真＝佐藤　勇

平和のつくり手となるために

KGK総主事　大嶋重徳

「平和をつくる者は幸いです。その人たちは神の子どもと呼ばれるから。義のために迫害されている者は幸いです。天の御国はその人たちのものだから。」

（マタイの福音書五章九、一〇節）

聖書には、イエスさまが山の上で弟子たちに話された「山上の説教」と呼ばれるメッセージがあります。この「山上の説教」のテーマはいったい何でしょう？　それは「神の国」です。私たちは「神の国」と聞くと、「はいはい、とりあえず『神の国を第一にしとこうよ』という、あれでしょ」と、わかっているような気がしているけれども、どこかボヤっとしていて、わかっていない部分もあるのではないでしょうか。

しかし、じつは「神の国」こそが、私たちがここで考えたい中心なのです。この「神の国」という言葉には、この世界が存在する理由があります。そして「なぜ自分がクリスチャンにさせられたのか」「人が何のために造られて、今あなたはなぜ生きているのか」という問いの答えが、この「神の国」という言葉に詰まっているのです。私たちにとって、「神の国」がどういうことなのか、あえてこの本で伝えたいことの理由を、この「神の国」から受け取っていきたいと思います。

神さまが人を造られた理由

さて、神さまがこの世界を造られたときに、「この世界を造ろう！」と思われた聖書の箇所を開きたいと思います。

「神は仰せられた。『さあ人を造ろう。われわれのかたちとして、われわれに似せて。彼らが、海の魚、空の鳥、家畜、地のすべてのもの、地をはうすべてのものを支配するように。』 神は人をご自身のかたちとして創造された。神のかたちとして彼を創造し、男と女とに彼らを創造された。神は彼らを祝福された。神は彼らに仰せられた。『生めよ。ふえよ。地を満たせ。地を従えよ。海の魚、空の鳥、地をはうすべての生き物を支配せよ。』」（創世一・二六〜二八）

神さまはおっしゃいました。「さあ、人を造るぞ」と。それは何のためにでしょうか。「われわれのかたちとして、われわれに似せて。」

私はよく中学生や高校生のキャンプに呼ばれて、話をしに行くことがあります。そのときに「もし、きみが神さまだったら、何のために世界を造る？」と聞きます。中学生たちは、「うーん、暇だったからかなぁ」「ちょー寂しかったんじゃないの？」「パシリが欲しかったから」などと言うわけです。はたして、神さまは暇つぶしに世界と人を創造されたのでしょうか。

神さまはこうおっしゃったのです。

「さあ人を造ろう。われわれのかたちとして、われわれに似せて。」

ここでみなさんは「えっ？」と思ってもらわないといけません。「われわれ」って複数型ですよ。「あれっ？　神さまって唯一じゃなかったの？」「はい、偶像混ざった～」なのでしょうか。

この箇所をいろいろな神学者は、神の「尊称の複数」、つまり神の偉大さが表される複数型なのだと言います。しかし聖書の全体から、また教会の歴史の中で、この箇所の「われわれ」とは、三位一体の神――父なる神・子なるキリスト・聖霊なる神――が、「われわれ」という交わりをもって、永遠において存在しておられると読んできたのです。

そして、この「われわれ」というかたちをもった神が、「われわれに似せて造ろう」と言われたとき、この世界に人間が造られた第一の理由は「神との交わりに生きるため」なのです。「われわれ」という交わりをもっておられる三位一体の神さまとの交わりに生きていく。これが人間の造られた第一の目的です。

そして第二の目的は、「われわれ」という交わりをもっておられる神さまに似せられた人間も、この地上に「われわれ」という交わりを形成して生きていくのです。

創世記二章一八節では、「人が、ひとりでいるのは良くない」と神さまはおっしゃいました。

神さまのもっておられる「われわれ」という交わりは、神は永遠において「神は愛です」という愛に満ち足りていたのです。

その神に似せられて、人は男と女とに造られました。そして神さまは、人間に使命をお与えになったのです。「生めよ。ふえよ。地を満たせ。地を従えよ」と。神に似せられて男と女に造られた人間が、この世界に「われわれ」を生み出していくように。三位一体の神の愛のように、互いに「愛してる」と言いながら二人は結婚し、そして子どもが生まれ、家族が増え、親戚も生まれ、村が生まれ、町が生まれ、そしてやがて〝神の国〟が建設されていくように、神はこの世界を、そして人間を造られたのです。

エデンの園において、アダムとエバは大きな木の下に座って、ライオンの背中でも撫ぜていたら、天使が「アダムさん、ご飯です」と持って来てくれるような世界ではありませんでした。創世記二章一五節には、「神である主は人を取り、エデンの園に置き、そこを耕させ、またそこを守らせた」と書いてあるのです。エデンの園には仕事があったのです。アダムとエバは、毎日手をつないで砂浜を楽しげに「あははは」と走りながら生きているわけではありませんでした。

やがてこの神の国が完成する場所が、新約聖書の「ヨハネの黙示録」に記されています。そこはかつてのエデンの園と書いてあるでしょうか。そうではありません。そこは「新天新地」と呼ばれる新しい都エルサレムと書いてあります。つまり、園は耕されて都にならなければいけなかったのです。

エデンの園では「神さま、次、どこを耕します？」と聞き、「あそこがいいんじゃない？」「はい！」などと言いながらエデンの園を耕し、その世界を守っていく。まさに、働くことは神との交わりでした。生きることそのものが、神さまを礼拝する行為だったのです。

もしかしたら、「神さま、子ども生まれたので、そろそろ教育とかやったほうがいいんじゃないですかね。学校作ってみます！」「いいねえ」などと神さまと言いながら。あるいは、「貨幣経済をそろそろ導入しようと思います。銀行とかどうですか」。そんなことを言いながら、園は耕され、都になっていく――その世界が、「非常に良かった」と神さまは見ておられたわけです。

そういう神を信じる「われわれ」がこの地上に生まれ、増え、地に広がっていき、神の国が建て上げられるということを、神は計画しておられたのです。

しかしご存じのとおり、創世記三章で私たち人間は罪を犯しました。そして「アダム、なぜその罪を犯したのか？」と神さまに問われたアダムはこう答えます。

「あなたが私のそばに置かれたこの女が、あの木から取って私にくれたので、私は食べたのです。」　（一二節）

ここでアダムは「私が悪いんじゃない。神さま、あなたのせいですよ」と語り、「こんな女を造ったせいで」と、神さまとの「われわれ」という交わりが壊れ、三位一体の神の愛に似せられた夫婦の「われわれ」、つまり人間関係も壊れたのです。

そして、人は罪を犯し堕落したとき、造られた目的と生きる意味を見失いました。もはや「神の国の建設」のために働くのではない。生きることは苦痛となり、働くことは虚しくなったのです。「結局、人生なんていつかは死ぬんだろう。顔に汗して働いたって無駄だ。楽しく生きるしかない。明日食べるパンのために生きるしかない。」

そして罪の結果、人はあの蛇がささやいた「神のようになれる」との言葉のように、自分が王となれる自分のための国を造ろうということになったのです。神の国の建設を願うのではない、「私」の国が、「私たち」の国がうまくいくように——。神の国の建設から「自分の国」の建設に。神を愛する「われわれ」ではなく、私を愛してくれる「われわれ」の形成のために、生きるようになったのです。

神の愛、憐れみ

しかし神さまは、そのような私たち人間と、この世界をあきらめませんでした。もし私が神だったら、この世界を見て「ダメだ、こりゃ」って言って、リセットボタンを押し、「次、行ってみよう」となるでしょう。しかし神さまは、ご自分が造ったこの世界と人間をあきらめたりはなさらなかった。

神のご性質である「憐れみ」という言葉は、「変わらずに愛する」「あきらめずに愛する」という意味です。変わることなく人間を愛そうとした神は、アダムとエバに皮の衣を着させてその命が失われないように守られました。そして、やがてノア、アブラハム、モーセ、そしてダビデを選んで、もう一度神を信じる「われわれ」が生まれていくようにと、旧約の歴史が始まりました。神さまは、神の国がこの地上で生み出されていくことを、あきらめてはおられなかったのです。

旧約聖書を見ると、神さまは「わたしは、いるぞ！」と何度もご自身をあらわしておられます。そのたびに、人は「神さま、信じます」と言います。しかし、すぐに「嘘でーす」「信じるのは無理！」と、偶像礼拝に走ります。旧約の歴史はまさにその連続でした。神さまは、「わたしはいる。わたしの言葉を聞け。わたしの約束を守るように」と、何度も何度も人間に語りかけながら、ご自分のひとり子がこの地上に来るということを伝え続けられました。神の国の建設をあきらめない神が、イエス・キリストをこの地上に送られたのです。

そしてイエスさまは、宣教を始めるとき、こう言われました。

「時が満ち、神の国は近くなった。悔い改めて福音を信じなさい。」

（マルコ一・一五）

イエスさまがこの地上に来られたのは、神との関係が失われた私たちを取り戻すためでした。そして生きる使命を失った私たちがもう一度、「あなたは何のために生きているのか」「何のためにこの時代に生まれたのか」「何のためにこの世界があるのか」ということを取り戻すために、この地上に来てくださいました。イエス・キリストは、罪により神との関係が失われていた私たちのために十字架にかかり、その罪のために死に、そして復活し、私たちを救いに導いてくださったのです。

私たちがクリスチャンになったのは、天国への片道切符を手に入れて、それを後は

「落とさないように、落とさないように」ハラハラしながら生きていき、その天国への切符をたまに人に見せて「信じる？」と伝道するためだけではありません。

なぜ私たちが信じた瞬間に、天国に行って「救われてハッピー！」となり、後は天国で幸せに過ごすことができないのか。なぜこの地上に私たちがいるのか、キリスト者たちがこの地上に残されているのか。それはイエス・キリストがあなたと一緒に、この世界でこの地で、神の国を建て上げたいと願っておられるからです。

私たちは救われたとき、自分がこの世界で生きる意味をもう一度受け取り直したのです。自分の生きている場所で、神の国を建て上げていくために。

「神の国」を建て上げるとは？

私は中学のとき、バスケ部に入っていました。日曜日に試合があるときには、試合の前にうちの牧師が早天礼拝をしてくれました。「今から重徳くんは試合に行きます。でも、どうぞ神さま、重徳くんのプレーに神さまの栄光が現れますように」と祈ってくれました。そのとき、私はハッとしたのです。自分のレイアップシュートは神の栄光を現すのか、と。

今まで部活は信仰のことではなく、「自分」のことでした。しかし、部活も勉強も恋愛だって、世の中のことなどではありません。クリスチャンになったら、神の国の恋愛をするようになるのです。神の国で勉強するのです。神の国でものを考え、見ていくのです。そして、神の国建設という使命を受け取り直したとき、私たちは教育のことだって考える。神の国の教育とは何か？　神の国の営業とは何か？　神の国の医療とは、神の国の子育てとは何か？　そして、神の国の政治だって考えるのです。

この世界に、神さまのものではないものは一ミリたりともない。すべては神さまが支配しておられ、その御手の中にあるものだと、私たちは本気で信じているのでしょう？　そして、この世界には神のみこころだけがなると本気で信じているのではありませんか。そう考えるとき、この日本で今、クリスチャンとして「さすがにまずいよな」と思うことが起こってしまっているのです。

道徳が〝教科化〟されるということが起こっています。もし道徳が教科化されたら通知簿に道徳の成績がついて、五とか一とか評価される。そうなると内申点に響くようになる。つまり受験に関係してくるのです。そうしたら国が望んでいる道徳観に従わないと、良い点が取れなくなります。まさに「イエスが主」だと告白することに反する時代が、私の息子の時代に、孫の時代に、いやもうこの時代に起ころうとしているのです。

私たちは、何か政治運動やって、市民運動を始めようとして、「立候補するから票を入れて」というようなことを企んでいるのではありません。私は神の国で生きているのです。神の国の住人になったのです。この神を信じたときに、「自分の国」で生きることをやめました。「自分たちの国が一番」という生き方をやめたのです。そのときから、神の国のものの見方、考え方をするようになったのです。

この「神の国のものの見方」で生きていこうとしたら、そうではない「この国のものの見方」が襲いかかってきて、今その二つの国の見方がぶつかり合っているのです。その混乱が起こっているときに、私たちはどちらの国のものの見方でやっていくか定めておかなければなりません。

しかし、私たちには自分の国のものの見方が染みついてしまっています。自分の国の見方で見ることに慣れてしまっているから、ほかのことを言われたら、「うーん、そっちも正解かも」と心も揺れるわけです。左でもなく、右でもなく、聖書の生き方に立っていこうとしているのです。

私たちが「神の国のものの見方」で生きようとしたとき、ありとあらゆるものの見方とぶつかることも起こってきます。ほかにも恋愛や結婚、進路選択、偶像礼拝との闘い……。いろんな衝突があるでしょう。

そして今、政治的なことで、バチーンと音を立てて、衝突が起きてしまっているのです。ここで今、まさに聖書のものの見方で生きることが、私たちに問われている。そこで、聖書の語る神の国の住人のものの見方を身につけるとは何か、とりわけこの国でキリスト者として生きるために身につけておかないといけないことは何か。そして何が神の国のことなのかを見極め、祈り合うことを選びたいのです。その作業は簡単なことではありません。この世界のものの見方がいまだ染みついている自分自身をリアルに発見します。だからこそ一緒に集まって、話し合って、祈り合うのです。聖書の言葉に聴いていくのです。

「すでに」と「いまだ」、そして「やがて」

神の国は、イエスさまの十字架と復活により、すでに始まっています。しかしいまだ完成はしていない。私たちは、「やがて」完成するあの希望の神の国の完成を待ちわびながら、憧れながら、指さしながら、「すでに」と「いまだ」の間《はざま》で、葛藤しつつ、祈りつつ神の国建設をするのです。

「やがての日」が、どこかの国が圧倒的に勝利する日ではなく、神の国が実現する日という約束を信じているから、私たちには不安もあるけれども、希望だけはちゃんとある。最後の最後は、希望の神の国が完成するからです。

この「すでに」と「いまだ」の間で、「やがて」の生き方をどうするのかを教えてくださったのが、イエスさまの山上の説教です。この説教には、神の国のものの見方、考え方、生き方が詰め込まれています。イエスさまが王となった神の国の住人のあり方が記されています。

そして山上の説教は、もともと「幸いなるかな、平和をつくる者は」という順番で語られています。ここには、「すでに」の響きが強いのです。

「将来、きみたちが平和のつくり手になったら幸せになると思うよ」というメッセージを、イエスさまはされたわけではありません。クリスチャンになったということは、あなたはすでに平和のつくり手になったのです。平和とか、そういう運動は得意な人がやったらいいと思う、ということではありません。クリスチャンになったら平和のつくり手になるのは、神の国住人全員の〝キャラ〟なのです。

そして、ここで注意深く見ておきたいのは、平和とは「つくるもの」だと記されているところです。平和とは、黙っていたらそこにあるとは書いていません。平和とは、「今日の私、とても平和」のように、一人の中で感じるものでもありません。

平和とは関係性のことです。だれかとだれかの間の平和なのです。そして、この平和を壊すのは簡単です。「さっき○○が、あなたのこと悪く言ってたよ。」その人のいないところで、「あの人たちってどうなのかなあ」と言うだけで、簡単に平和が壊れます。

でも私たちキリスト者は、平和をつくる者になりました。人間は罪人ですから、ほうっておいたら平和など、どこにも生まれません。しかし、神との平和に生きるようになったとき、神との間に平和が生まれたとき、クリスチャンは、平和がないところに平和をつくる「われわれ」にされました。この「われわれ」を回復するためにキリスト者になったのです。

では、どうやって平和をつくり出すのか。これが鍵になります。私たちの平和のつくり方には、あるポイントがあります。それは「神の子ども」と呼ばれるつくり方をするのです。

神の子どもになる

イエスさまが山上の説教の中で、「神の子どもと呼ばれます」と言われたとき、当時、「神の子」と聞いてだれもがイメージするのはローマ皇帝のことでした。ローマ皇帝は、「自分は神の子だ」と言っていたのです。

そして、ローマ帝国がつくり出したあの平和、「パックス・ロマーナ」という言葉を、世界史で聞いたことがあると思います。ローマ皇帝は「われこそは平和のつくり手」だと思っていたのです。しかしそれは、武器を手に取って生み出す平和でした。イエスさまが山上の説教で言っておられたのは、父なる神の子どもとされた私たちの平和のつくり方です。そしてそれは、武力で生み出すやり方ではないと言われました。

山上の説教で、イエスさまはこう続けられます。

「昔の人々に、『人を殺してはならない。人を殺す者はさばきを受けなければならない』と言われたのを、あなたがたは聞いています。しかし、わたしはあなたがたに言います。兄弟に向かって腹を立てる者は、だれでもさばきを受けなければなりません。……また、『ばか者』と言うような者は燃えるゲヘナに投げ込まれます。」

（マタイ五・二一～二二）

そして、さらに自分を告訴する者と仲良くしろと言われます。仲良くするとは、ご飯を一緒に食べるということです。だれかに恨まれていることを思い出したら、礼拝に行く前にまず謝ってきなさい、と。それは、礼拝を休むということではなく、神の前にその兄弟と共に出ることです。一緒に神の前に共に出ること——それが自分に対して「バカヤロー」と言う人との平和のつくり方です。「バカヤロー」と言う人に対し、武器をもって平和をつくろうとするのは、キリスト者のやり方ではありません。

「わたしはあなたがたに言います。悪い者に手向かってはいけません。あなたの右の頬を打つような者には、左の頬も向けなさい。あなたを告訴して下着を取ろうとする者には、上着もやりなさい。……自分の敵を愛し、迫害する者のために祈りなさい。それでこそ、天におられるあなたがたの父の子どもになれるのです。」

（同三九、四五節）

「それでこそ、天におられるあなたがたの父の子どもになれるのです。」このような生き方をしてこそ、私たちは神の子どもと呼ばれていくのです。これが、神の子どもの平和づくりです。

イエスさまのこの説教を聞いたイスラエルの宗教的指導者や権威者たちは、ひっくり返るほどの衝撃を受けました。神の国とは、あのローマ帝国の支配を覆して、自分たちのイスラエル王国をもう一度再建することだろうと思っていたからです。何と現実味のない言葉なのか、と。

平和をつくる

この日本で生きる私たちの周囲にも、今、近くの国が攻めて来たらどうするのか、という声が聞こえてきます。「銃や剣を取り、武力をもってでなければ、私たちのこの平和が守れないだろう。」今、日本の政府はこの国の平和を守るためには武力がもっと必要で、抑止力がもっと必要と本気で考えています。だから戦争ができる国にしておかないと危ういと考えているのです。「外国人は出て行け」と声をあげる人たちもまた、この国の平和のためにと本気で考えているのでしょう。

しかし、キリスト者の平和のつくり方はそうではありません。この国からだれかが出て行ってほしいなどとは言いません。そうではなく、「一緒にご飯食べよう」と言います。仲直りをするのです。一緒に礼拝に行くのです。自分も相手も間違っていたら、「相手が謝ってくれたら、自分も謝る」ではなく、自分から謝るのです。先に愛するのです。「敵を愛し、迫害する者のために祈る」ことで平和づくりをするのです。もめたら話し合うのです。

こういうとき、すぐに言われるのが「銃を取るか、全員死ぬかどっちかだぞ」ということです。この単純な論理設定に、私たちは巻き込まれてはいけません。第三の道があるはずです。平和をつくる道が、必ずあるはずなのです。そこをキリスト者たちは粘り強く祈りながら、愛しながら考えるのです。

沖縄の基地負担についても、沖縄に住む兄弟姉妹の痛みを共にしながら、真剣に祈り、考えるのです。私は学生時代に、ある牧師に「どうしたらいいんですか。日米安保とかそのあたりどうするんですか」と質問しました。そうしたら、その牧師はこう答えました。「大丈夫、本物の外交をすればいいんだよ。」〝本物の外交力〟をそこで身につけるのだ、と。

自分には武器がなく、相手が武器を持っていたとしても、今こそ〝本気で交わりをする力〟を私たちは持つことができます。私たちが持つ力は、武力ではない。相手を愛する力、相手を信頼する力です。自分を信じてもらう力なのです。私たちは武力ではない力を持って、神の国を建て上げていくことを選びます。

このようなクリスチャンの発言は生ぬるいでしょうか？　現実が見えていないでしょうか？

「平和をつくろう」と言うと、いろいろ言われます。義のために迫害されることが起こります。そのような集会に行くと言うだけで、「なに、そんなキャラだったの？」などと言われると、いろいろ不安になってきます。ありもしないことを、あれやこれやと言われるのではないだろうかと、それだけで疲れてしまいます。

「こんなところに来ることよりも、ちょっと黙っといたほうが得だよ」「まだまだ様子を見ておこう」「まさか今の日本で、そんなこと起こったりしないよ」などと聞くと、「そうだよね」と思ってしまうのです。目の前で起こっている出来事に目をふさぎ、耳をふさいで、めんどくさいことには巻き込まれたくない。だれかが痛んでいるのだったら、そこで痛んでおいてくれ、こっちには来ないでくれ——と思わないでしょうか。

しかし、私たちはそうではありません。さすがにまずいと思ったのです。神の国住人のセンサーがビビッと反応したのです。かつて日本の教会が陥った、あの時代と同じにおいがしてきていることに嗅覚が反応したのです。「イエスが主」と言えない時代が来るかもしれない、自分の子どもや孫が、この国でクリスチャンだということで肩身が狭くなる時代が来るかもしれないという危機感を持ったから、共に集まり祈ることを選んだのです。なぜなら、神の国の住人になったのだから。これがキリスト者の選ぶ、身体の向きだから。

そして何より、イエスさまに出会ったからです。イエスさまの生き方を知ってしまったからです。

私たちこそ、神さまに敵対してきました。イエスさまを迫害してきたのです。あれやこれや言ってきました。「おい神よ、俺の気持ちを汲んでみろ」などと言ってきたのです。しかし、イエスさまはそんな私たちに対してキレずに、愛する向きを保ち続けてくださいました。

すぐにビビってしまう私だけど、そんな私のために、今日も、今も、とりなしてくださっているんでしょう？　「大嶋、あいつはちょっとビビリです。やばいです。でも、こいつのためにわたしは十字架にかかりました」と、今も父なる神の前で、この身体の向きを決して揺るがさずに、父なる神にとりなしておられるのです。

神の国建設のために、私の人生のために、イエスさまがこの身体の向きを、生き方の向きを保ち続けてくださった。このイエスさまとの間で神との平和が生まれた私たちは、救いを受けたとき、イエスさまのような平和づくりを少しずつ、恐る恐るであるけれども、始めたのです。

私たちも、こんな自分に粘り強くつきあってくださったイエスさまの真似をして、友人が救われることをあきらめない。この国がおかしくなっていてもあきらめない。この世界に神の国が訪れることをあきらめない。この「われわれ」を、今イエスさまが一番上の兄として「神の国、造るぞ」と言ってくれたから、私たちは少しずつ、平和の神と呼ばれるあの父なる神に似ていくようになるのです。

このあいだ、私は自分の枕のにおいを嗅いだら、懐かしい匂いがしました。「あれ、どこかで嗅いだことがあるな？」と親父のにおいを思い出しました。私たちはイエスさまに出会ったとき、あの父なる神のにおいが少しずつ香ってくるのです。聖書ではそれを「キリストの香り」と言っています。まだ香りにはほど遠い自分がいるけど、変な臭いがいまだ混ざっているけれども、すでにキリストの香りが内側から外に放ち始めたときに、神の国は私たちのいるところですでに立ち上がり始めています。

だからもし途中で、この平和づくりでやり方を間違っていたら、「ごめんなさい」

と謝ります。「あのやり方、違うんじゃない？」と言われたら、「ごめんね。じゃあどういうやり方だったらいいのかな」と、赦し合いながら一緒にやろうと言うのです。「そんなことを言っていたら、証しにならない」と言われたら、「証しって何だろうね」と、その人を巻き込むのです。闘うのではなく、巻き込むのです。私たちの闘いの姿勢は、愛する闘い、祈る闘いです。

「われわれ」として

そして、そのために大切なことをきちんと知っておかなければなりません。神の子どもはひとりっ子ではなく、きょうだいがたくさんいます。大切なことは、この神の国の兄弟姉妹が苦しんでいるのだったら、その苦しみをちゃんと知ろうとすることです。それが神の国の作法です。

神の家族の痛みがあるのなら、痛みのあるところへ行き、話を聞き、その痛みはわからないかもしれないけれども知り、祈りたいと思います。「きみはひとりじゃない、私が一緒にいる」と祈り始めることを選びます。そのためには知らないといけない、学ばないといけない。難しいからといって避けてはいけない。読まないといけない本もあります。知らなければいけない情報もある。知ったら何かが始まります。

私には、在日大韓の教会で牧師をしている友人がいます。この国で在日韓国人として生きていくのは、私たちには想像できないようなことがたくさんあります。そして、今いろいろなことが町中でかい声で叫ばれている。この前、二人でそのことを話したときに、私は「おまえ、どう思うの?」と、その友人の牧師に聞きました。「そりゃ、いろんなこと思うがな。でもな、知ってくれるやつがおったら大丈夫。ちゃんと知ってくれたら俺らは大丈夫。」

戦後五十年のとき、私は台湾に行きました。KGKの東アジア地区大会というものがありました。そのとき、首相の靖国参拝の問題になって、空港の中でもそんな映像が流れていました。それを見て、私たち日本側が「戦後五十年で、日本がいろいろ戦争をやってしまってごめんね」と謝りました。そうしたら、あるアジアの国の兄弟が私にこう言いました。

「ぼくは、謝るけど変わらない日本人が嫌いだ。日本人のクリスチャンはアジアに来たら平気でいつも謝って、すっきりした顔で帰る。でも、謝っても変わらない人たちを見てきた。どうか日本の兄弟、赦せないぼくのために祈ってくれ。」

そこから、私の〝知る旅〟が始まりました。

彼の痛みは何なのだろうか。日本の教会が抱えている痛みは何なのだろうか。聖書を読み、神の国の住人のものの見方を身につけながら考えました。いろんな本や多くの情報があり、自分たちを揺さぶってくるけれど、でも聖書の語る神の国のものの見方の中で、つぎはぎだらけだった自分の信仰を、自分の国のものの見方を引きずってしまっている自身の信仰を知っていきました。

神の国のものの見方に定めるために、私たちは今日も聖書を学び、聖書から知り、そして歴史から知り、自分の兄弟姉妹から教えてもらう。小さくとも学び合う集まりがたくさん生まれたらいいなと思います。一緒に勉強することが大切。なぜなら、「われわれ」だから。ひとりではなく、「われわれ」でやるのです。

そして、神の子どもにされたのは日本のクリスチャンだけではありません。同じ神の家族に起こった歴史を学ぶことも大切です。アジア各国にもナショナリズムはあります。それぞれの国のナショナリズムがぶつかり合います。しかし、キリスト者たちは神の国のものの見方で生きるのです。神の国のものの見方で平和づくりをしようと言うのです。

もちろん、日本にもいろんなクリスチャンがいるように、世界にもいろんなクリスチャンがいます。でも、私たちは一緒に祈ることができる神の国の兄弟姉妹たちと手をつなぎながら、互いに赦し合えるのだから、友だちになれるのです。「この後、メシ食いに行こう」と言えるのです。「祈ろう」と言うのです。

そして神の国は、神の子どもとされる生き方は、やがてイエスさまが再び来られる日まで続きます。そのあいだ迫害されることはあります。迫害されるということは、神の国が建て上がっていることの証拠です。

「義のために迫害されている者は幸いです。天の御国はその人たちのものだから。」

（マタイ五・一〇）

聖書にはこう記されています。迫害されるということは、何かしら発言をしているからです。黙っていたら迫害などされません。しかし「天の御国はその人たちのものだから」と言われる日まで、今少しの、それでも厳しい迫害を「われわれ」で一緒に受けとめ合って、祈り続けたいのです。

「われわれ」でやっていくのです。私だって、いろいろ言われたら嫌になります。嫌になってしまったこともあるのです。でも一緒に祈りながら、「われわれ」でやっていく。なぜなら最後の最後には、神の国は完成するからです。ずっとこのままではない。ここに希望がある。

終わりの日に私たちはイエスさまとこの食卓にあずかるのです。そこで、神の国建設の打ち上げが開かれます。「できた！」と。「よくやったね」とイエスさまに、私たちの拙い、でも精いっぱいの神の国建設を褒めていただくのです。

そのときのイエスさまのスピーチを、私たちは待ちこがれています。待ちこがれながら、私たちは教会の礼拝の説教を聞きます。打ち上げを待ちこがれながら、教会の聖餐にあずかります。

いま、この時代に私たちがやり続けるのは、変わることのない礼拝をささげることです。主の日の礼拝こそ、この闘いの中心にあります。終末、神の国の完成を待ちこがれながら、私たちは政治運動をやろうとしているのではなく、「イエスは主」と告白し続ける礼拝をささげようとしているのです。そのために、考えて祈らなければならないことがあり、平和づくりのための一歩に踏み出していく。神の国の希望を待ちわびる民として。

この神の国の建設を、私は父親と息子が犬小屋を作るようなものだと思います。息子と犬小屋を作ったら、「うー、釘が曲がった」「板を切るの間違えちゃった」など、なかなかスムーズにはいきません。父親ひとりでやったほうが早く、上手に仕上がります。でも、息子が犬小屋が完成し、「お父さん、この犬小屋はぼくとお父さんと一緒に作ったんだよね」と嬉しそうな顔で見るとき、そこに父親の喜びがあるのです。

あるいは、母親と娘がカレーを作るようなものです。お母さんがカレーを作っていたら、娘が「手伝う」と来るわけです。「にんじんを切って」トントントン。「たまねぎ切って」「目が痛い」などとやりながら。そして、気づいたら手伝うと言っていた娘がテレビを見ていて、手が止まっています。「手伝うって言ったじゃん」などと注意しながら。それでもカレーを食べるとき、「このカレーおいしいね、だってにんじん切ってくれたからだよね」と母親は言うわけです。娘と一緒に作る、それが母親の喜びなのです。

神の国建設も、神さまおひとりでやったほうが早いでしょう。私たちとやるとダサいし、ビビるし、のろいし、すぐやめるし。でも、父なる神は「これはわたしの愛する子」と今も私たちを呼んでくださり、一緒にやろうよと言われる。この国に神の国が建ち上がることを、平和が生まれることを「一緒にやろう」って言っておられる。あなたと一緒に建て上げたい――これが私たちがクリスチャンにさせられたことの意味です。

そのことを真剣に信じて、心から信じて一歩目、まず祈ることです。思いっきり賛美することです。主の日に感謝をもって、喜びながら礼拝をするのです。この礼拝を本気で受け取ってくださる父なる神が、私たちの祈りと賛美を待っておられるのですから。

キリストの愛に生かされる信仰者「クリスチャン」

KGK主事　吉村直人

序

二〇一一年三月十一日。春が近づく暖かな陽気の中、高校を卒業し、残すイベントは友人との卒業旅行のみと心躍らせていた。

そんな中、突如、ひっくり返るような強い揺れが襲ってきた。とっさに近くにあった布団をかぶり身を縮める。一分経っても揺れは続き、家は軋《きし》み、世の終わりがきたのかと、気がついたら祈っていた。やがて揺れは収まり家族と共に安堵したのだが、ふとテレビ画面に見ると衝撃的な映像が目に飛び込んできた。

真っ黒な津波が町を飲み込み、火災が起きていた。

その翌日、原発の建屋が吹き飛んだ。おそろしく長く、しかし一瞬にも思える時であった。東日本大震災である。

最初の数十分、信じられない出来事の数々に圧倒されていた。両親が必死に電話をかけている。祖父母が宮城県塩竈市に住んでいたのだ。身内の安否が心配された。無事なのだろうか、何かできることはないのかと家中皆が慌ただしく動き回っていた。

そのような最中、私はひとり現実逃避するかのようにこんなことを思った。

「ああ、ひょっとして卒業旅行は中止かな。」

それからひと月。祖父母の無事を知り、卒業旅行は中止になり、目まぐるしく一か月が過ぎていった。変則的ではあったものの大学に入学し、新しい自分の〝日常〟が始まった。被災地の状況は惨憺《さんたん》たるものであったが、私の住んでいる地域、身の周りは少しずつ〝日常〟を取り戻していった。

四月、私は家族や教会のつながりで、宮城県の泥出しボランティアに参加することになった。大きなスコップを持って、ひたすらに泥を掻き出す。近所の高架下には津波で流された車が看板のように立てかかっていた。船は陸地に乗り上げ、幼いころから慣れ親しんできた塩竈の町は変わり果ててしまっていた。ショックと痛みを感じつつ、泥まみれのタンスを運び出す。現地の方々にどのように声をかければよいのかわからない。どうしてこんなことが起こってしまったのだろう。回答のない疑問が浮かんでは消えていった。

しかし同時に、ずっと私の頭の中を占めていた事柄がある。明日大学に提出するレポートのことである。壊滅的な町に呆気を取られ、悲惨な状況に置かれている人々に同情しつつも、同時に千葉に帰ったあとの自分を心配していた。宮城県にいながら、どこか心ここにあらずの状態だった。私はその思いに気がつきつつも、自分でそれを必死に打ち消そうとしていた。心から寄りそうことができない。他人を愛するよりも自分を愛している自分を認めたくない。そんな小さな気づきに慌てて蓋をした。

しかしそれからというもの、今度はなんとも言えない焦燥感に駆られるようになった。自分は親族が東北にいるのに、なぜこれほど無関心でいられるのだろう。私はこれほどまでに冷たい人間だったのだろうか。教会やクリスチャンの友人たちは震災に心を痛め、いろいろなものを犠牲にしながら復興支援にあたっているように見えた。しかし私の現実は、そのことを「すごいな」と思いつつ、どこか他人事のように感じる自分だった。私はクリスチャンとして、このままではまずいのではないかと焦っていた。なんとも言えない罪悪感があったのだ。

それから私は、その罪悪感を埋めるかのように、何度も東北へ足を運ぶようになった。ボランティアに参加してさえいれば、自分は愛がある人間だと堂々と言える気がした。しかし現地に来れば来るほど、心伴わずで偽善的な自分の姿に直面させられ葛藤することになった。このような日々に平安はなく、常に何かに追われているような感覚の中で、がむしゃらに被災地に足を運んでいた。「私はこの未曾有の災害に対して決して無関心ではないのだ！」と自分に言い聞かせるかのように何度も、何度も——。

しかし、ほんとうは気がついていた。自分は隣人になれない。いや、なりたくない。私にも私の生活がある。他の人のことまで考えている余裕はないのだと、行動とは反対の思いを抱えていた。東日本大震災は私に自己中心性をはっきりと突きつけてきた。イエス・キリストを信じてなお、自分を中心に置こうとする罪を見せつけられた。要するに私は他人、社会に対して無関心な自分を認められなかったのである。私はもっとマシな人間のはずだ、人に心から寄りそうことのできる人間だ、と。自分で自分を受け入れることに必死だった。

私は臆病な人間だった。

〝安全圏クリスチャン〟

大学時代、私はKGK(キリスト者学生会)を通して信仰を育まれた。同世代のクリスチャンとの関わりはとても刺激的だった。今まで会ったことのないようなタイプのクリスチャンとも出会い、教団・教派の違いもありながら、しかしキリストのゆえに一致するとはどういうことなのかを考え、キリストのからだの豊かさを経験させてもらった。KGKを通してさまざまなことを学び、養われてきた。

それらをあえて一つにまとめるならば、「私は全領域でクリスチャンである」ということである。私が救われたのは心の中だけの出来事ではなく、全生活のあらゆる場面・領域においてである。すなわち、大学で学生として学んでいるときも、所属していた軽音サークルでギターを弾いているときも、帰り道の総武線の中でも私はクリスチャン、キリスト者なのである。また恋愛や結婚の事柄を考えるときも、進路を選ぶときも、バイトをしているときも、パソコンを使っているときも、その他どの領域、場面においても私がクリスチャンではない瞬間や領域はない、ということである。私が救われたのは全人格的なことなのである。

しかし正直に言うならば、最初からこのことを受け止められたわけではない。むしろ私は人一倍、臆病で慎重な人間である。このことが正しいとほんとうに言い切れるのか、欠点はないかとすぐに不安になる。少しでも自信のもてないことは極力避けて生きてきた。リスクを想定し、安全圏にいられるよう努力する。だから「全領域においてクリスチャンである」というのは、大学入学当初の私にとって理解はできても、無理難題であった。それまで自分が「クリスチャンである」ということさえ、なかなか言えなかった私にとって、全領域においてクリスチャンとして生きるといろいろと不都合が生じるように思われたからだ。

キリスト教に関する質問をされても答えられる自信もない。第一、「空気の読めない奴だ」と思われてしまう。そうなるくらいならば、信仰は自分の心の中にしまっておいて、日曜日とKGKに行くときだけ取り出せばよいのではないか。平日は別に無理してクリスチャンを背負わなくとも、何となく上手には生きていける。自分の思いを呑み込めばすむ話である。

このような姿勢の中で、KGKとはまるで心の安定剤のような場所で、この交わりにさえいれば自分はクリスチャンでいられるように感じられた。学校モードの自分とクリスチャンモードの自分を器用に使い分け、リスク回避をする〝安全圏クリスチャン〟として私の大学時代はスタートした。

スーパークリスチャンではなく

〝安全圏クリスチャン〟というのは、他人からは信仰深く見えることがある。自分のできないことを「弱さ」として分かち合うことで、敬虔なクリスチャンであるかのように映るのだ。周りもそのように評価してくれる。まさにだれからも非難されない安全圏である。そして、この立場に心の奥底で満足を感じているのだ。ここに謙虚さを装った密かなる傲慢があった。

しかしKGKに参加するうちに、自分の抱える矛盾に悩まされるようになっていった。KGKには真剣にクリスチャンとして生きようと必死に葛藤する先輩や友人の姿があったからである。彼らは、クリスチャンであるがゆえにぶつかる価値観に対して真剣に向き合っていた。時に「私はそうは思わない」とNOを突きつけ、時に誘惑に敗れ、失敗した経験を素直に分かち合ってくれた。そこにいたのは〝非難の余地のないスーパークリスチャン〟ではなく、弱さと葛藤を抱えながらも〝真剣に〟クリスチャンとして生きようとする姿である。

私は「わかるよ。祈ろう」と口では言うものの、ほんとうのところはわかっていなかった。キリストよりもこの世と調子を合わせることを優先し、リスクを避けてきた私にとって「大変なんだろうな」と思いながら、いつも他人事だった。この世でも、クリスチャンとしてもうまくやっていきたい。これらは必ずしも対立するものばかりではないが、時に相容れない領域があることは確かである。この二重の価値観の間で私は揺さぶられ、居心地の悪い思いをし始めた。

彼らの生きざまはやがて、私に大きな問いを突きつけた。それは、「本気でクリスチャンとして生きるのか、それともクリスチャンをやめるのか」ということだった。少し極端だが、突き詰めていくとこの問いに行き当たる。私のどっちつかずな姿勢は、まるでヨハネの黙示録三章に登場するラオデキヤの教会のように思えた。

「わたしは、あなたの行いを知っている。あなたは、冷たくもなく、熱くもない。わたしはむしろ、あなたが冷たいか、熱いかであってほしい。このように、あなたはなまぬるく、熱くも冷たくもないので、わたしの口からあなたを吐き

出そう。」（三・一六〜一七）

冷たくもなく、熱くもない。中途半端にクリスチャンとして生きるくらいなら、クリスチャンをやめて、別のことに時間を割いたほうがよっぽど有意義ではないかと思ったのである。逆に、もしクリスチャンとして生きるならば真剣にキリストに従っていくべきではないのか。

そして私は、自分がキリストと出会ったことを思いめぐらす中で、真剣にキリストに従っていきたいと祈った。どのように生きるべきなのか。そのことが問われ始めた。

〝クリスチャン〟？

自分が中途半端な状態にいることを問われたからといって、すぐに問題が解決するわけではない。真剣にクリスチャンとして生きたい。しかし、クリスチャンとして生きるとは具体的にどのようなことなのだろうか。何を選び取ることが正しいのかがわからなかった。それは「政治の話」「教会と国家の問題」、そして「現実の政治」を考えるときに、はてしない難問のように思えた。

いろいろな論理が周囲で渦巻いていた。「今が大事な時だ！　ここで声をあげよう！」と声を張るクリスチャン。一方で、「教会や牧師はこのような議論に意見を述べるべきでない。宣教の妨げだ」と語るクリスチャン。そうかと思えば、「歴史を学べ。教会の歴史を見て、歴史を見抜く目が大切だ」と述べるクリスチャン。「いや、それは歴史観が違うのだ」と言っているクリスチャン。「つべこべ言わずにデモに参加しよう」と呼びかけるクリスチャン。「聖書根拠は？」と問い詰めるクリスチャン。

インターネットやＳＮＳでも、さまざまな声が飛び交う。中には立場の違う相手を罵倒するような言葉も見られる。あの人もクリスチャン、この人もクリスチャン、クリスチャン――。このような〝クリスチャン〟の意見の対立を見て疲れ果てて、冷めた目線で無関心でいることを選ぶクリスチャン。いったいどの〝クリスチャン〟が正しいのだろうか。

私はというと、「たしかに何かまずい気はする。でも何が正しいのかがわからない」という状態だった。あらゆる意見を並列に並べてみたところで、どれも一長一短であるように思える。そもそもどのように判断すればよいのかわからない。それぞれの意見にある程度の論理的妥当性があり、だれもが〝正しい〟と思って主張している。私の周囲の人々の意見もさまざまだった。

このようなクリスチャンの〝正しさ論争〟に嫌気がさし、無関心になる人がいるのは大いに頷《うなず》ける気がした。しかし臆病な私は、「無関心だ！」と批判されるリスクを背負う勇気もなく、態度を曖昧にするしかなかった。確信をもてない言動はせずに、「ここまでは確実」と納得できる範囲を模索するのだ。そうすれば、少なくとも大きく失敗することはない。少しずつ理論武装していき、いつしか〝ここまでは確実ライン〟を広げていくことが私の生き方となっていった。

しかし、理論武装の先に平安はなかった。一歩進めばまた次の〝正しい〟を振りかけられる。議論が議論を呼び、この論争に終わりはない。そして正直に自分を見つめるならば、真に正しさを追求する願いよりも、自分が安全でいたい、批判にさらされたくないという思いが根底にはあった。もっと言えば、正しさを裏付けようとする理論武装は、時に相手を黙らせ承服させようとする誘惑にもつながる。そして相手を納得させることに密かな満足感を得ているのである。

〝ここまでは確実ライン〟とは結局のところ、自分が納得できることが〝正しい〟という自分中心の考え方だった。そして自分の納得の基準は、「批判の余地がない（と思える）」ということであった。

〝正しさ〟の影に潜むもの

よく考えてみれば〝正しい〟とはだれが判断するのだろう。この意見が正しく、この意見は間違っている、と私たちはほんとうに判断できるのだろうか。罪人である私たちが振りかざす〝正しさ〟には限界がある。「だからこそ聖書根拠を！」というのはそのとおりであるし、聖書から正しさを語ることは大切であると思う。クリスチャンは何よりも聖書（みことば）によって生かされ、基準はそこにあるべきである。

しかし、この類の話題で聖書根拠の話が持ち出される場合、信仰を抜きにし、自分の主張の論理づけのために用いられていることが多いように思う。「聖書にこう書かれているから私の主張は正しいのだ！」というのである。このアプローチは魅惑的である。聖書的根拠を持ち出せば「クリスチャンとして正しい」かのように思えるからである。正しいと自信がもてれば安心できるのだ。論理的で現実的な意見は、自分の立場を保証してくれる強力な武器になるのである。

このような価値観の中では、その論理についていけない人々は振り落とされ、論理的に筋の通った人だけが正しいかのように見られていく。振り落とされた人々は反動でアレルギー反応を示し、無関心へといざなわれていってしまう。

しかし、ほんとうに正しいのは神さまおひとりであり、私たちではない。人間が振りかざす〝正しさ〟というのは時に暴力的であり、他人を排除してでも「自分」を押し通そうとするのである。ここに信仰の姿はない。

私自身何が〝正しい〟のか、ということにとらわれるあまり、信仰と無関係な領域でこの話題を考えてしまうことも少なくない。気がつくとバキバキに理論武装をし、戦いに備えるがごとく「さあ来い」と待ち構えるのである。そして理論で固められた鎧は、まるで自分が大きくなったように錯覚させる。しかしほんとうの姿は、もろく小さな自分を必死で守ろうとプライドで塗り固めた「私」である。それは自己保身からの出発であり、神への信仰から出たものではない。すべてを治めておられる主への信頼はないのである。

「私は全領域でクリスチャンである」というのは政治の領域でも、自己理解においても、である。真の主権者であられる神さまを抜きにして、自分や自分の論理的正しさが神にならぬよう、慎重な吟味が必要であると思う。

誤解のないように再度申し上げておきたいのだが、聖書的根拠は大切であるし、みことばには人を変え、突き動かす力があると信じている。信仰さえあれば妄信的に進んで、論理破綻をしていてもよいというわけでは決してない。何でもかんでも鵜呑みにせず、時に反対意見を述べる必要もある。

しかし、クリスチャンにとって問題なのは信仰である。そこに信仰はあるのか。そこにキリストはおられるのだろうか。信仰を抜きにしてこの事柄を考えるとき、意見の合わない相手への不満は募り、怒りで心が支配される。そして相手を裁き、対話は消え、批判することだけ上手になっていく。言葉には不必要なトゲが混ざり、相手も自分をも傷つけていく。やがて疲れ果て、必死に自分にしがみつこうとするのである。これこそ分裂を生み出し、宣教の妨げになっているのではないだろうか。そうだとすれば、ほんとうに残念なことだと寂しい思いになる。

だからこそ、今一度自分に問う必要があるのだろう。自分の思い、動機はほんとうのところどこにあるのか。どこから出発しているのか。私はイエス・キリストの十字架のゆえにこの事柄と向き合っているのだろうか、と。

問われる愛の眼差し

とはいえ、実際的な政策や対策に対してはいろいろな意見があるだろう。信仰から端を発したとしても、現実のありようはさまざまである。私自身、この手の集会やイベントに関わる中で、「ほんとうにこの方法論がよいのか」と疑問に思うことがある。正直なところ、自分が主催している際に感じることもある。

あるとき私は、理解はできるがどうしても自分が腑に落ちない企画に関わることになった。少々強引に誘われ、「やりましょう」と口では言いつつ、心の中は落ち着きがなかった。悪いことだとは思わないし、意味のあることだと思う。しかし、これをすることがほんとうにベストなのかわからなかった。周囲のメンバーは確信に満ちていて、自分だけが取り残されていくような感覚になった。前日の夜、眠ることもできず祈りつつも悶々としていた。

この孤独感はやがて、企画をリードしている人たちに対する不満に変わっていった。「なぜ彼らは強引に事を進めようとするのか。もう少し時間をおいてもよいのではないか。ドタキャンをしてしまおうか」とさえ考えた。事実、私には物事の進め方には問題があるように感じられた。彼らの欠点にばかり目がいき、不満とストレスが募っていった。

そのとき、ある聖書の言葉が目に飛び込んできた。

「律法学者がひとり来て、その議論を聞いていたが、イエスがみごとに答えられたのを知って、イエスに尋ねた。『すべての命令の中で、どれが一番たいせつですか。』イエスは答えられた。『一番たいせつなのはこれです。「イスラエルよ。聞け。われらの神である主は、唯一の主である。心を尽くし、思いを尽くし、知性を尽くし、力を尽くして、あなたの神である主を愛せよ。」次にはこれです。「あなたの隣人をあなた自身のように愛せよ。」この二つよりも大事な命令は、ほかにありません。』」

（マルコ一二・二八〜三一）

——神である主を愛し、隣人を愛する。

明日、私がなすことがベストなのかは結局わからない。しかし、私に求められていることは至って単純だった。「あなたの神である主を愛せよ」、そして「あなたの隣人をあなた自身のように愛せよ」ということである。根本的な動機はいつもこの二つなのだ。今、私のうちに愛はあるだろうかと自問せざるを得なかった。私の心には、愛ではなく怒りが満ちていた。

次のみことばも私の心に響いた。

「また、たとい私が持っている物の全部を貧しい人たちに分け与え、また私のからだを焼かれるために渡しても、愛がなければ、何の役にも立ちません。愛は寛容であり、愛は親切です。また人をねたみません。愛は自慢せず、高慢になりません。……こういうわけで、いつまでも残るものは信仰と希望と愛です。その中で一番すぐれているのは愛です。」　（Ｉコリント一三・三～四、一三）

何よりも愛なのである。だからこそ、私は怒りやねたみをもってではなく、愛と憐れみの眼差しで物事を見つめる必要があるのだ。それはキリストが私を愛されたからこそである。愛をもつことは「何をなすか」以上に大切であり、「どう生きるのか」そのものである。他にもっと良い方法もあるかもしれない。それはこれからも話し合い深めていくべき事柄である。間違っているときは素直に悔い改め、時に謝罪する必要もあるだろう。しかし間違っているかもしれないから関わらない、という姿勢は、はたして「愛する」ことなのだろうか。意見が合わない人、何となく馬が合わない人、はっきり言ってしまうと苦手なタイプの人。そのような人たちと、キリストのゆえに向き合おうとし続けることが大切なのではないだろうか。

私たちはすぐにあきらめてしまいそうになる。それはあきらめたほうが楽だからだ。しかし問われているのは、〝愛〟の問題である。「いつまでも残るものは信仰と希望と愛」であって「その中で一番すぐれているのは愛」だからである。

そしてキリストの愛の眼差しをもって世界、社会を見ていくとき、そこにある傷や痛みに気がつく。その積み重ねがキリスト者の感性を豊かにしていくのだと思う。もちろん、すべてを解決することなど到底できない。しかし世界の痛みに対して、私はどのように寄りそい「隣人となるのか」が問われ続ける。

その毎日の歩みこそが大切なのではないだろうか。方法論としてベストかはわからない。でもだからこそ、その交わりを去るのではなく、あえてそこに身を置いてみる。愛をもって対話をし、信仰者の交わりの中に身を置き続ける。そのときに自分ひとりでは気づき得なかった視座、信仰へと導かれていくように思うのである。

礼拝者として生きる

結局のところ、私がこの事柄を考える際、最も大切だと思うのは礼拝である。クリスチャンにとって、すべては信仰の事柄だからである。とりわけ主日礼拝は大切である。礼拝することなくこの事柄と向き合うとき、私たちはいとも簡単に信仰と希望と愛を見失ってしまうのではないだろうか。礼拝の中で共に祈り、共に賛美し、共にみことばに聴く。礼拝を通して私たちは自分が何者であるかを確認し、主に愛されていることを思い起こし、そして主に栄光を返していくのである。私たちはひとりで信仰者として生きていけるほど強くはないし、そのようにも召されていない。逆に言えば礼拝から離れ、教会から離れてしまうときに、それらの「活動」は、信仰者として意味を失ってしまうように思う。

単に活動することが大事なのではなく、生き方が大事なのである。その意味でクリスチャンとして生きる結果として生まれるものこそ、私たちが目指すものではないだろうか。

私たちはキリストの愛に生かされている信仰者「クリスチャン」なのだから。

すべての生活をキリスト者として
――学生たちと「政治」について語り合う中で気づいたこと

KGK主事　佐藤　勇

はじめに

「全生活を通しての証し」。大学一年生のときに不安と期待が入り混じる中で、勇気を振り絞って行った夏のキャンプ（KGK Bible Camp 2011）で、初めて聞いた、この言葉。「全生活」という言葉が、脳天に突き刺さる。「全生活」――すべての生活を通して、キリスト者としての生き方をしていく、ということ。

日曜日、教会に行くときは「クリスチャン」ぽいけれど、月曜日から土曜日は自分がクリスチャンだということを忘れて、「解放されて」生きる。そんな二面性を背負って生きてきた私にとって、「全生活」という言葉は衝撃的な言葉でした。すべての生活を、キリスト者として生きる。イエスさまと出会い、救われ、この地上で生きるとは、こういうことなのかと、まさに「目から鱗」の体験となったのです。

自分の学生時代を振り返るとき、この「全生活を通しての証し」という言葉が何度私を支え、律し、励ましてきたかを数えることはできません。誘惑に負けそうになるとき、怒りに押し流されそうになるとき、「ここでも、キリスト者として生きるんだぞ」という声が、心の奥底から、かすかに響いてくるのです。

もちろん、誘惑に負けたこともある。怒りに押し流されたこともある。過ちも失敗もたくさん。けれど、そんな私がもう一度「すべての生活を、キリスト者として」生きようと、イエスさまの十字架と復活ゆえに、その愛ゆえに、立ち上がることができる。この恵みに生かされ、押し出された日々でした。

学生時代から、「ここでも、キリスト者として生きるのか」というチャレンジを受けた最も大きな場所の一つ。それが、「政治」でした。政策論争や選挙、国会中継は、どこか自分とは遠い世界のことで、貧困、戦争、格差、差別……と積み重なっていくあまりに大きすぎる問題たちは、いつしか国連や政治家たちだけが特別に取り組む「国家的」「国際的」な課題で、私たちがちょっとがんばったりしたところで何も変わることはない、というジメッとしたあきらめ感だけが漂っている場所でした。

しかし、「全生活を通しての証し」という言葉は、「ここも、キリスト者として生きるべき場所だ」と言います。なにせ、「全生活」ですから。そのことに徐々に気づかされていった私は、学生時代、「希望を告白する夜」（通称・キボコク）という集会や、国会前での毎月の祈禱会へと導かれ、「この場所をキリスト者として生きるとはどういうことなのか」ということを問われ続けてきました。そして、主事になった今も、その問いを、今度は学生たちと共に、問い続けています。

この問いに、綺麗な答えが出る日は来ないかもしれない。最近、そのようにも思います。けれども、学生時代、綺麗な答えを出そうとがんばっていたときにはまったくわからなかったことが、いろいろな学生たちと課題を共に抱えることで、ちょっとずつわかってきたようにも思います。

ここでは特に、「興味をもてない」という課題、そして「政治思想が違う」という課題と、どのように向き合ってきたのかということをお分かちしたいと思います。学生たちと、「ここも神の御国なれば」と口ずさみながら歩んだ、小さな記録です。

「興味をもてない」という課題

学生たちと「政治」について考えようとするときに、まず出会う反応はこのようなものです。

「ああ、たしかに大事だとは思うんです。でも、興味がもてなくて……。」

これは、ある面でとても正直な反応だと思います。私には弟がいますが、彼は材料工学を勉強しています。彼が、やれどの金属がなんだ、という話をしていると、私も「たしかに大事だと思うけれど、興味はもてないなあ……」と反応してしまいます。

多くの学生たちにとって、「政治」というテーマは、そのような位置にあるように感じます。一部の熱い人たちが一生懸命に取り組んでいる。〝なんかやばい〟のはわかる、けれども、何を考えればいいのか、何からすればいいのか、よくわからない。そんな人は、案外多いのではないでしょうか。

■身近になってはきたけれど

この数年間で、「政治」というテーマは若者たちにとって、ある程度身近なものになってきました。SEALDsなどに代表される学生団体の政治参画や、Facebookなどの SNSによる考えるきっかけの増加が、その理由の一つにあると思います。先の参院選前に「選挙に行こう」という投稿をする学生が多かったのは印象的でした。「政治」というテーマが若者にとって身近なものになることは、とても大切なことです。その意味で、SEALDsなどの活動はほんとうに重要な役割を果たしています。

一方で、やはりこのテーマに「興味をもてない」という学生は、いまだに多いように感じます。「興味がもてない」と直接言ってくる学生はほとんどいません。多くの学生が「政治」に対して「考えるべきテーマ」という意識をもっています。しかし、それでもなお「興味がもてない」という学生が多くいます。

「考えるべき」とわかりながら「興味がもてない」という状況は、やがて小さな「罪悪感」となって心に積もっていきます。その意味で、この状況はただ「興味がもてない」という状況よりも深刻です。たとえ「政治」というテーマが身近なものになったとしても、それは「興味」の向こう側に少し意識が向くようになった、ということでしかない。「興味の有無」という側面からこのテーマにアプローチする限界が、ここにあるように思います。

■「興味」の問題から、「信仰」の問題へ

主事として、多くの学生が「興味がもてない」と悩む姿を見てきました。私自身は、もともと「政治」というテーマには興味がありました。ですから、学生時代は周囲の「興味がもてない」と悩む学生たちの姿にフラストレーションを感じていました。けれども今、私はそのような学生たちが「興味がもてない」ことに関しては、ある意味「致し方ない」と思うようになりました。そして、この「政治」というテーマを考えるかどうかを「興味」の問題としてしまうことの危険性を感じるようになりました。

「政治」というテーマには、確かに専門的なところがあります。興味をもち、しっかりと学ばなければわからない複雑なところがあります。そういう部分をすべての人が担うことは、実際には難しいと思います。「興味」の問題として「政治」というテーマを扱う以上、その限界は突破できないでしょう。そこで、私が感じるのは、「政治」というテーマを「興味」の問題としてではなく「信仰」の問題として語る必要です。

「政治的なことに教会は口を出すべきではない」「KGK主事が政治的な発言をするべきではない」――このような言葉をよく聞くようになりました。この「政治的」という言葉が、くせものです。この言葉によって、私たちは「政治」に関することを興

味の世界に閉じ込めてしまうのです。そこには「政治的なこと」と「信仰的なこと」という二項対立的な思考が隠れています。しかし、この政治に関わることこそ、私たちは信仰のこととして考えていく必要があります。いや、信仰のこととして考えなくていい分野など、何一つないのです。

「全生活を通しての証し」というのはまさにこういうことです。

「私たちはことばによる伝道だけではなく、この世に生き、存在していることを通して福音を証することをに召されています。[*1]」

この世に生き、存在していることを通して、私たちは証ししていく。そう考えるとき、信仰のことではないことなど、何一つないということがわかります。大学での学びも、恋愛も、家族関係も、友人関係も、携帯の使い方も、すべてが私たちにとって、信仰の問題なのだということがわかります。私たちは生活の全領域を、キリスト者として生き抜くものでありたいのです。

その文脈で、「政治」ということも考える必要があります。今、国会では何が話し合われているのか。どんな法律が決められようとしているのか。為政者たちは何をしようとしているのか。この国の教育はどう変わろうとしているのか。福祉は、社会保障は、雇用は、基地問題は――。それらは、興味がある人だけが考えていればいいことではないはずです。私たちが「信仰の問題」として、「神さまがどうそれを見ておられるか」という眼差しで、見つめるべきことであるはずです。

「興味がない」と悩むとき、私たちはこれが「興味があるから考えられる」ものなのではないことに気づきたいと思います。これが、「興味の問題」ではなく「信仰の問題」なのだということに気づきたいと思います。

「政治思想が違う」という課題

興味がない、という学生とは反対に、「政治」についてとても明確な意見をもっている学生もいます。ただし、その考え方は非常に多様です。私が主事をやっていてほんとうに悩んだのは、「政治思想の違う」学生たちとの関わりでした。たとえば、安全保障の考え方が全く違う学生たち、軍備の拡張や、国防軍の設置などに関して積極的な意見をもつ学生たちとの関わりです。

■ 強気に見える彼らこそ

まさにこの本でも取り上げられているように、この数年の間にいわゆる「福音派」と呼ばれる諸教会や宣教団体の間でも、「政治」に関することが取り上げられるようになってきました。教会の戦後七十年の歩みを振り返り、「教会と国家」の問題をもう一度考える、「希望を告白する夜」（キボコク）という集会も開かれ、若い人たちが「教会」で「政治について」考える機会が増えてきたように思います。

そういった場にあって、先に挙げたような政治思想をもつ学生は決して多くありません。そういう学生は、「政治思想が違う」と言って、そのような集会にはあまり来ようとしない。その代わりに、ＳＮＳなどで自らの意見を主張したりします。主事として、私がほんとうに悩んだことは、そういった学生たちとの関わり方です。

ある学生（安保法制に賛成していた）が私にこう問うたことがあります。

「最近、クリスチャンだったら安保法制反対しないといけない、みたいな風潮がある。でも、じゃあもし安保法制に賛成だったら、それはクリスチャンとしてダメなんですか？」

私は言葉を失ってしまいました。そして、この問いはその学生と別れた後も、頭の中にこびりついて、なかなかそこから逃れることができませんでした。それだけ本質的で、考える必要のある問いだったということでしょう。

この問いから伝わってきて、私が何よりもまず受け取ったこと。それは、その学生が傷ついている、ということでした。多くの学生たちが「安保法制反対！」と「盛り上がる」（あえてそういう言葉を使います）中、自分の政治思想とそれが相容れない、ということに気づき、葛藤してきた。考えを言葉にしたとき、変な目で見られたかもしれない。意見を取り扱ってもらえなかったかもしれない。蔑《ないがし》ろにされたかもしれない。そこに対話の橋は築かれなかった。その結果、その学生は、間違いなく傷ついていたのです。

主事として、私は彼の政治思想云々の前に、まず、彼が交わりの中で傷ついているということを認める必要がありました。対話の橋を焼き落とされたかような感覚を味わっている、ということと向き合う必要がありました。ＳＮＳなどではとても強気で、一見乱暴にすら見えるコメントを交わす彼ら。老若男女問わず、そういう人はいます。けれども、その彼らをいかに説得するかと考えるよりもまず先に、そこには傷があるということを、私は主事としてその学生と関わる中で知りました。

それはとても大切な気づきでした。強気に見える彼らこそ、傷ついている。ほんとうの意味で対話してくれる交わりを求めている。このことは、とても重要なことと思います。まず、彼らが傷つき傷んでいる、という事実に寄りそうこと。政治思想の違いがあっても、それは交わりを引き裂くものでないことを、しっかり愛の言葉で伝えること。こういったことが、彼らと向き合う第一歩になっていきます。

■「政治思想の違い」で片づけない

そうして、「たとえ政治思想が違っても、きみはぼくにとって大切な人だよ」というメッセージを送り続けると、少しずつ心が開けていきます。そして、対話の橋が築かれていきます。そこで、次のチャレンジは、ちゃんと「違い」を語ることから逃げない、ということです。

このように、一度寄りそって愛の言葉を意識的にかけていくとき、ほんとうは見逃してはいけない、「政治思想の違い」を生み出している「価値観の違い」まで看過してしまうことが起こります。しかし、違うと思うことはしっかり「違うと思う」と語られなければなりません。関係を最優先し、妥協することは本末転倒だからです。「なぜこう思うのか」という対話が目的です。安心した対話のための「配慮」は必要ですが、そこに「遠慮」が入り込むならば、それは気づかぬうちに「妥協」となります。この線引きをしっかりすることが肝要であると感じます。

私は、「政治思想」が違う学生たちと関わるときに、「政治思想の違い」で片づけない、ということを意識しています。政治思想は単独で、真空状態で存在するものではありません。それは、決定的に世界観、人生観、価値観とつながっています。そこにしっかりメスを入れることが、対話が深まるための大きなポイントであるように感じます。

たとえば、先ほどの学生の例を考えてみましょう。最初にぶつかったのは、「安保法制に賛成」という政治思想。話していくと、そこには自衛隊をどう考えるかということや、「軍備」についての考え方の違いがありました。特に「軍備」の必要性について語る中で、学生に対して、私はこう問いかけてみました。「人が一人死ぬ、ということについてはどう思う？　いのちの問題として、この問題を考えてみたことはある？」

その問いは、彼を深刻な顔にしました。一つの政策の話が、「いのち」の話へと発展します。確かに、国際情勢やさまざまな理由を話の中心に据えれば、その政策に一定の論理性があることはよくわかります。しかし、そこには「いのち」をどう見るかという視点があまり含まれていません。そこで、「いのち」というキーワードから、ただの「政策論争」ではなく、これは私たちの世界観、人生観、価値観と不可分なものなのだということを確認していきます。

政策の問題、政治思想の問題として「軍備」を語ってきたとき、そこには「神さまが創造された世界」とか、「殺してはならない」という十戒の響きとか、そういうものはあまり意識されていませんでした。しかし、そこで「いのち」の問題として「軍備」を語り直すとき、そこには「神さまが創造されたこの世界を私たちはどうゆだねられ、管理していくのか」とか、「殺してはならない」という戒めの背後にある、神さまの愛とか、私たちの罪の結果の悲惨さとか、そういうものを意識するようになります。するとだんだん神さまの視点で、聖書の価値観で、この「軍備」という問題を考えることができるようになっていきます。

その学生は対話の中で「そりゃあ、人が一人も銃弾で死なない世界のほうがいい。殺し合わない世界のほうがいい。軍は、ないに越したことはないんだ、ほんとうは」というような趣旨のことまで言うようになりました。その意見で、私たちは心から同意することができました。「政治思想が違う」二人でも、神さまの御前に一緒に出るなら、ちゃんと対話できるということを噛みしめた経験でした。そのためには、たとえ立場や考え方が大きく違うように感じても、「政治思想の違い」で片づけ、「政策論争」で終わらせるのではなく、互いにキリスト者として、神さまの視点で物事を見る、聖書の価値観で物事を考える、という努力のプロセスを共に歩むことが不可欠なのだと思います。

■「でも、現実は……」との戦い

対話を「政治思想の違い」で終わらせない。このことと同時に、もう一つ、戦うべきものがあります。それは、「でも、現実は厳しい」という声です。「理想と現実」の問題が、ここにはあります。そしてこれは、「政治とどう関わるか」というワントピックのみの話ではなく、キリスト者として生きていくうえで、だれもが向き合うべきテーマです。

前項のように、学生と対話が進んできたとき、その学生は「でも……」と言って、こう続けました。「そりゃあもちろん、軍がないに越したことはないと思いますよ。でも、現実はそういかないじゃないですか。諸外国の脅威だってあるし……。」

この、「でも、現実は」と、私たちはそれぞれ向き合う必要があるのです。

聖書に示されている生き方がある。聖書から問われる生き方がある。そのキリスト者としての生き方の理想と現実にはギャップがあるように感じる。そして、「でも、現実は」という枕詞をもって、その葛藤にピリオドを打つ。こんなプロセスを経験する人は、決して少なくないと思います。聖書がどこか「現実離れした生き方を迫ってくる、浮世離れしたもの」であるように感じられ、現実世界ではあまり力を持たないように感じる。そんな誘惑と揺さぶりです。

しかし、こんなとき私は学生たちと考えたいと思っています。「じゃあ、ぼくたちにとって、信仰ってなんだろう？　ぼくたちにとって、キリスト者として生きるってどういうことだろう？」教会と社会の二元論にとらわれているとき、教会の中で宣言されているみことばや、大声でささげている賛美が、社会ではあまりに弱々しく小さいものであるかのように感じてしまうことがあります。しかし、この世界に生きよ、と召された私たちは、「でも、現実は厳しいよね」といってあきらめることをせず、使命と責任感をもって、この地上でキリスト者としての生涯を全うしたいのです。

「『神さまがいない厳しい社会』というクリスチャンのイメージは、神さまの働きを非常に狭い世界に押し込めてしまうことになります。神さまが働かれる『教会』と神さまがいない『社会』、このような分類は決して聖書的ではありません。聖書は、この世界すべてが神さまの支配下にあることを明確に語っています。[*2]」

この世界すべてが、神さまの支配下にある。この世界観こそ、私たちに必要なものです。そう考えるとき、「でも、現実は」ではなくて、私たちがその現実の厳しさの中で、いかに生きるかということが問われるのです。「厳しいよね」「難しいよね」といって妥協するのではなく、そこでこそ、向き合い、葛藤し、対決する必要があるということをもう一度噛みしめる必要があります。

今、「政治」はどう語られるべきか

さて、ここまで私が学生たちと共に歩む中で学んだこと、考えさせられたことを記してきました。最後に、そのような学生たちの現状を踏まえたうえで、また今日のような激動の状況の中で、いかに「政治」が語られるべきかということを考えたいと思います。

■「交わりの意識」をもって

今日、「政治」に関する分野では、先に述べたような「政治思想が違う」人同士の交わりが困難な状況が徐々に生まれ始めているように感じます。「政治思想の違い」について語ることが、交わりを引き裂くものとなり、分裂を生じ得る危険をはらんでいるということです。長年、教会が「政治」に関することをタブー視してきた理由は、まさにそこにあると思います。なぜ、「政治思想の違い」について語ることが、対話ではなく、「分裂」を引き起こしてしまうのでしょうか。

あまたあるその原因の一つに、それが「政策論争」に終始し、「交わりの意識」をもって語られていない、ということにあるように思います。SNS上で、紛糾するコメント欄を見ることがあります。ほんとうに心痛む光景です。互いの意見を論破しようと、必要以上に厳しい意見が飛び交います。そして最後には、「もうこの辺で終わりにしませんか」というコメントをだれかしらが入れ、苦々しさを残したまま、それは終わっていきます。

私が学生との関わりの中で確信していること、それは、このような「政治」に関わる話、特に「政治思想の違い」について語るときに必要なのは、「私たちは一つ体の存在で、キリストにあって一つだ」という「交わりの意識」です。その意識をもって、相手の意見に耳を傾けることです。そのときに、先ほど述べたように「政治思想の違い」に終始するような話としてではなく、価値観の問題、人生観・世界観の問題として、話を深めていくのです。そして、そこに生まれてくる「でも、現実は」という葛藤を、「それは信仰の強さの問題だ！」と言ってバッサリ切ってしまうのではなく、一緒に引き受けていく。共に葛藤することを選んでいく。「現実は厳しいよね、といってあきらめないようにしよう」と互いに励まし合う。そんな交わりが、私たちには必要なのではないでしょうか。

私たちには「違い」があります。その「違い」は、一見「溝」に見えます。「隔ての壁」に見えます。しかし、神さまの御前にあって、そのような「思想の違い」は、私たちの交わりを引き裂くほどの力を持つものではないと信じます。キリストによって救われた私たちはみな、「救われたもの」として生きていくものです。罪の世界と対峙し、「地の塩、世の光」として生きていくものです。「違い」を言葉にしながら、それを「信仰の事柄」として受け取り、「現実は厳しい」という葛藤を、私たちの小さな十字架として背負って歩む決断を共にする。今、教会に求められているのは、このような交わりではないでしょうか。少なくとも私は学生たちとの関わりの中で、たしかに大変だけれども、その交わりの形成は不可能ではないということを確信させられています。

■「違い」の語り方

「違い」を語るとき、それがまるで「人格の問題」であるかのように乱暴に語られることもあり得ます。「政治思想の違い」として議論が進むときに、それは往々にして起こります。それぞれその思想に関しては、強い信念と確信をもっているからです。ですから、その信念と確信がぶつかり合うときに、そこには「この人とは絶対にわかり合えない」という深い失望が生まれるのです。そしてそれは憎しみになったり、傷になったりします。

私たちは、そのような「違い」の語り方を、どこまでも拒むべきです。そこにも、「でも、現実は」の誘惑は潜んでいます。すなわち、「ここまで考え方が違うんだから、わかり合えないよね。いくらキリストのからだとはいっても、でも、現実は……」という誘惑です。妥協してはなりません。簡単には関係は改善しないでしょう。もしかしたら、地上ではわかり合える日は来ないかもしれない。けれども、共に救われた者として、永遠に続く交わりとして、天の御国で主の食卓を共に囲む兄弟姉妹として、その人のことを見続けるべきです。どんなに「政治思想の違い」が浮き彫りになったとしても、です。

そこに葛藤があります。それはずっとあるでしょう。けれども、その人がイエスさまと出会い、救われたということを、まっすぐに受けとめることこそ、交わりを形成する礎となるのではないでしょうか。その交わりの礎の上で「違い」を語るとき、それは「分裂」から「対話」となり、「政策論争」から「励まし合い」へと発展していくのではないでしょうか。「責め合う」関係から、「共に建て上げ合う」関係への発展していくのではないでしょうか。

■「オイコドメオー」の視点から

そんなことを考えるとき、多くの課題を抱えていたコリント教会に対するパウロの姿勢を思い出します。彼はコリント教会のさまざまな問題を指摘しました。また、パウロは自分を攻撃する人たちを意識しながら、言葉をていねいに選び、そこに真の交わりが築き上げられることを願い続けました。

「あなたがたは、前から、私たちがあなたがたに対して自己弁護をしているのだと思っていたことでしょう。しかし、私たちは神の御前で、キリストにあって語っているのです。愛する人たち。すべては、あなたがたを築き上げるためなのです。」

（Ⅱコリント一二・一九）

この、「築き上げる」という言葉は「オイコドメオー」というギリシャ語で、「建て上げる」とも訳される言葉です。そして、エペソ人への手紙四章一六節では、まさに「キリストのからだを建て上げる」という文脈の中で、「キリストによって、からだ全体は、一つ一つの部分がその力量にふさわしく働く力により、また、備えられたあらゆる結び目によって、しっかりと組み合わされ、結び合わされ、成長して、愛のうちに建てられるのです」という形で用いられている言葉です。

今「政治」は、この「オイコドメオー」の視点から語られる必要があります。共にこの時代を生きるために、「政治思想」ではなく、その深くにある聖書的世界観を吟味し、「責任と使命」を共にする交わりを建て上げるために、「政治」が語られる必要があります。それは非常に根気と時間を要することです。そのような交わりは、即席でできるものではありません。集会や講演会で、大きなインパクトと共に生じるものでもありません。地道なひとりひとりとの関係、対話の努力の中で、主が与えてくださる恵みです。

パウロは、先ほどのコリント教会への手紙で「私があなたがたを愛すれば愛するほど、私はいよいよ愛されなくなるのでしょうか」（Ⅱコリント一二・一五）と嘆いています。この嘆きは、ほんとうに切ないものです。しかしこの嘆きこそ、パウロの愛です。オイコドメオー、自分を攻撃したり責めたりする人たちと「共に」、交わりを建て上げようとする、一人の信仰者の姿です。この姿に、私たちも倣いたいと思うのです。

おわりに

ここまで、つらつらとさまざまなことを書いてきましたが、結局そこに具体的な「解決案」や「行動プラン」はありませんでした。自分が学生たちと共に歩む中で味わったことをまとめていったのですが、そこには、ただ悩んだ軌跡と、そこから学んだいくつかのきわめて基本的な事柄があるのみです。

しかし、それもまた「ほんとうのこと」なのだと思います。「政治」の語り方に何か上手な方法論があるわけではないし、今の山積する課題に対して何か具体的な打策があるわけでもありません。そこにはただ、聖書を片手に、悩み続け、考え続けるということがあります。

学生たちと、聖書を片手に、共に悩み続け、考え続けること。これは私にとって、ほんとうに大切なことです。安易に答えを出したり、わかったような気になったりせずに、ひとつひとつの考え方と向き合って、ああでもないこうでもないと考え続ける。学生たちはこうして、「葛藤を共に担う」ことが、交わりの本質的な事柄なのだということを私に教えてくれました。

この拙文を通して、そのこと少しでも証しされたらと、心から願う思いです。

注

1 キリスト者学生会『学生の伝道二〇一〇』二〇一〇年、一七頁

2 山崎龍一『クリスチャンの職業選択』（増補改訂版）いのちのことば社、二〇一二年、五八頁

この地で平和をつくるということ

横浜市立大学四年生　桑島みくに

＊この原稿は、国会で「安全保障関連法案」が審議されていた二〇一五年の九月に、参議院議員会館で行われた「ＰＭＰＭ（Peace Maker's Prayer Meeting）@国会」でのスピーチをもとに加筆したものです。

私は、キリスト者の生きる目的は、神さまを愛し、神さまの栄光をあらわすことだと思っています。

現在、国会で審議されている安全保障関連法案に対して、私が反対するのは、「この法案が違憲であり、民主主義を壊すものであり……」という理由よりも前に、人と人が傷つけ合うという、私の良心と信仰に反し、神さまの目に喜ばれない事態が、この法案により起きてしまうのではないか、という危機感があるからです。

平和をおびやかす安保法制

はじめに、この法案についてなぜ反対するのかという私の思いをお話しします。

私はこの法案が、「戦争法案」と言われるように、平和ではなく争いを生むリスクを高め、さらに日本社会のあり方まで壊すものだと感じています。そしてその結果、自由や権利が侵害され、生活を守れない、信仰を守れない、いのちさえ守れない事態に繋がりかねないと思います。

この法案は、日本が攻撃を受けていなくても、他国が攻撃を受けて、政府が存立危機事態だと判断すれば武力行使を可能にします。また米軍が行う戦争に、世界のどこへでも日本の自衛隊が出て行き、戦闘現場近くで協力し、武器使用まで認めるものです。

第一に、この法案は戦後の日本が、自衛の名の下で侵略を行った反省に立って、平和の実現のために大切にしてきた憲法九条に違反するものです。

第二に、この法案は「平和」は実現するどころか、かえって平和ではない事態を生むと思います。たしかに、日本を取り巻く安全保障環境は緊迫したものかもしれません。しかし、言葉による外交や信頼関係を構築する努力を抜きにして、先制攻撃ができる、世界中で武力行使できる国になったところで、信頼を失う一方です。自衛隊員だけでなく、日本という国自体が標的となるリスクは高まるでしょう。

そして第三に、この法案を進めるプロセスは、民主主義を否定しています。国会で十分に審議するどころか、アメリカで先に合意し、法案成立後の自衛隊派遣の見通しを立て、沖縄では日米合同訓練の既成事実がどんどん作られています。先日、国会傍聴に行きましたが、与党は野党の質問にまともに答えられず、噛み合わない質疑応答ばかりでした。国民や野党の声を聴かず、理解を得るための努力をせず、強行的に通そうとするプロセスは、民主主義を否定するものです。

憲法とは、国民の自由と権利を守るため、国家権力を縛るものです。その国家権力自身が、主権者である国民の声を聞かず、憲法の解釈を勝手に変えて立憲主義を壊そうとしています。国家にとって根本的な問題が今、起きているのです。選挙の時だけ民意を示せば、民主主義的な政治運営ができるのではないようです。人は弱く、権力を持ったとたんに、選挙の時の公約を平気で破り、大きな力の言いなりになり、権力を利用して自分の理想を実現しようとしてしまいます。そういう誘惑が働いてしまいます。そういった人間としての弱さを抱える人たちが政治を担っているからこそ、間違っている方向に行かないように、私たちは絶えず祈り、監視し、国民としての主権を行使していかなければならないと思うのです。

当事者として

こういったことへの危機感から、今若者を含めた多くの世代が、民主主義を機能させようと声をあげています。

私は国会前でのデモなどを行う学生団体「ＳＥＡＬＤｓ」の活動に関わっています。八月三十日の全国一斉行動の日には、十二万人が国会前を埋め尽くし、全国各地の行動には合計三十五万人が反対の声をあげました。警察の壁を決壊し、道路に繰り出すとき、人と人がぶつかり合い、経験したことのない緊迫感や恐怖を感じました。そこでは多くの人の思いを国会に伝えよう、という熱意がひとつとなっており、自由と民主主義を勝ち取るために、歴史の中で血と汗を流してきた世界中の先人たちを思い浮かべて、私は涙が出ました。

そこで声をあげている人たちは、どこかの団体による動員や、だれかの勧めのもと動いているわけではなく、個人の意志で足を運んでいます。それだけに、みな同じ「戦争法案を廃案に」という目的は一致していながら、ひとりひとりのスピーチは多様で、個性的であり、平和を求める純粋な思いが人を突き動かしているのだと感動します。


私たちの世代は、生まれた時から不況、ゆとり世代として馬鹿にされ、経済至上主義の競争社会に呑み込まれることを現実として受けとめて歩んできました。三・一一を経験し、社会のシステムへの疑問を覚えたことを契機に、社会に対して希望を生み出すことに目覚めてきているのではないかと思います。

今、安保法案に反対して活動している若者や、ＳＥＡＬＤｓの中心メンバーの多くは以前から、脱原発や基地問題、集団的自衛権、特定秘密保護法について問題意識をもち、活動を続けてきた延長にいます。そしてそこに、平和を求める多くの若者や主婦や会社員、戦後ずっと平和を求める活動をしてきたシニア世代の活動が一緒になり、大きな動きを生み出している。そのことに私は感動します。

なぜここまで多くの人を動かすに至ったのだろうか、と私は考えました。そのひとつは、今回のことが個人に「当事者意識」を与えたからだと思います。自分の身近な人が、自分自身が、人を殺すかもしれない、殺す支援をするかもしれない、殺されるかもしれない、そういった当事者としての意識がこの法案によって明確になったとき、戦後続けられてきた平和教育が実り、人々を立ち上がらせたのだと思います。

私たちはおそらく、戦争体験者の話を直接聞ける最後の世代です。戦争の傷や今も続いている痛みに触れる機会があったからこそ、過去の失敗をくり返そうとしている日本の動きに、危機感を覚える反応が生まれたのだと思います。

戦後七十年、私は二十一歳になりました。

まさか今になって、平和と呼ばれてきた日本が直接的に戦争をできる方向に向かうとは思ってもみませんでした。国家に向かって「戦争するな」「憲法守れ」なんて当たり前のことを、本気で叫ぶ日が来るとは思いませんでした。それほどに、深刻な事態に日本が置かれているのだと思います。

七十年たった今だからこそ、だれも傷つけたくない、傷つけられたくない、傷つけさせたくない。そういう人間の良心を、麻痺させてしまってはならないと思います。

「殺してはならない。」神さまのかたちに造られた人間。神さまが愛してやまない人間。キリストが死なれたほどに、キリストのいのちをもってしか買い取れないほど大切な人間。

今日の社会は、いのちより利益が優先されている現実があります。弱い私たちは、常に神さまを愛する生き方とは何か、神さまを見上げながら歩まないと、すぐに間違った方向へ行ってしまうと思います。

キリスト者としてこの地に生きるということ

さて、キリスト者としての私が考えてきたことをお話しさせてください。

イエスさまは「平和をつくる者は幸いです」と言われました。私はずっと、キリスト者として、この社会においてどういう態度をとるべきかを考えさせられてきました。

■ 和解のつとめに生きる

キリスト者とは、神さまから和解が与えられ、和解のために召された者だと思います。神さまがすべてを「良いもの」として造られたこの世界に罪が入ったことで、人と神さま、人と人、人と自然、あらゆる関係性に破れができてしまいました。しかし私たちクリスチャンは、イエスさまの十字架と復活によって、神さまとの和解がすでに与えられています。キリスト者とは和解を与えられた者として、この地のあらゆる被造物との和解の務めに召されているのではないでしょうか。

社会のあらゆる破れに対して、目を背けながら教会生活を送ることは、ほんとうの信仰生活と言えるでしょうか。福音は、すべての領域に及ぶものだからです。私たちは神の国の国民とされていながらも、この国の国民であることは事実なのです。

緊迫する国際情勢に対応するために必要とされている今回の法案ですが、武力が当然のように存在し、必要とされているような社会に、キリスト者自身も慣らされてはいないでしょうか。武力をもって国を守るという手段が、平和をつくるために、はたして必要であるのか、問い直す必要があると思います。私たちは、間違ったものに慣らされていないか立ち止まって考える必要があると思うのです。

今回の法案は「平和安全法制」と呼ばれ、平和ということばが入っているだけに、それがほんとうに神さまが望んでいる平和なのか、私たちが目指すべき平和であるのか、吟味する必要があります。

■真の主権者に従う

しかし、政治について語ったり行動したりするとき、キリスト者が政治に関わることに抵抗を感じる声が聞こえます。教会やキリスト者団体が特定の政治的な立場をとることは、好ましくないかもしれません。しかし真剣に信仰に生き抜こうとするとき、この世のあらゆる課題と向き合わざるを得ないことは当然です。政治に距離を置く教会がいつの間にか、政府の政策を無批判に受け入れ、国家と一体となって戦争に加担し、罪を犯してきた歴史を見たとき、教会が社会の動きに敏感である必要を感じるのです。

ローマ人への手紙一三章には、国家という権威に従うことを書かれていますが、この権威を与えた神さまこそが真の主権者なのです。地上の権威をもつ国家が神さまのみこころから外れるときには、否と言う責任があると思います。キリスト者として生きるということが、この世の権威と対立することがありうるのです。

または、社会の動きに対し、おかしいと感じていながらも、「反対」だと明確に宣言することに抵抗を感じる人が多いと感じます。反対ということが、否定的で過激で無責任なイメージがあるからでしょうか。自分が明確に論理的な理由を語れないからでしょうか。私は純粋に、与えられた良心と信仰に反するものがあるのか、「神さまを愛する、隣人を愛する」ことに反する何かがあるのかどうかという感覚を大事にしてよいと思います。

どうせ変わらないと、社会の流れに呑まれ、夢や希望さえ抱かなくなってしまってよいのでしょうか。私たちには、この世界には終わりがあり、神の御国が実現するという希望が与えられています。そんな私たちが、希望を抱かない、希望を語らない、希望を告白しないという歩みをしていては、なんと望みのない社会だろうと思います。無関心と悲観主義ほど、キリスト者にふさわしくないものはないと思います。

■祈りによる闘い

そしてこの思いをもったとき、私が思う、成せる大きな働きとは「祈り」です。以前、ＳＥＡＬＤｓの集会やデモでスピーチをしたとき、私はこんなことを言いました。「安倍さんをはじめとする政治家のみなさんが、正しい判断ができるように祈っています。」

私はそのように祈っているから、そう言ったのですが、そう言うと必ず、聴衆から笑いが起こるのです。「祈り」というものが、どこか現実味のない、流れ星か何かに願い事をするようなお遊びのように映るからでしょうか。でも私は本気で、そのように祈っているわけで、ここに集まっておられる方々も、その祈りを真剣に聴いてくれるお方が必ずおられることを信じて、祈っているのだと思います。祈りなしに平和はつくることができません。

イエスさまは特に、敵のために祈ることを教えられました。

クリスチャンの友人と共に祈るとき、世との違いを決定的に感じるのは、権力者、政治家のために祈ることができるということです。安保法案に反対しながら、安倍首相をはじめとする政治家のために祈る人、その背後にいる地上の権力者のために祈る人、脅威とされている周辺諸国やテロリストのために祈る人が、どれだけいるでしょうか。

法案に反対するとき、安倍政権は明らかに批判対象です。でも先日、議員さんの部屋に要請文を持って行ったとき、やはりそこにいる人たちは生身の人間なのだと思ったのです。やっていることは憎むべきことかもしれない。でも間違った方向に行かせてしまった社会の責任もあるかもしれないし、その人たちの心を動かさなければ法案は止まらない。イエスさまが、敵をも隣人として愛することを勧めていることをこのときに思い返すと、なんと大きな難しい教えなのかと思います。

キリスト者は地の塩であり、世界の光であると聖書に書いてあります。教会やクリスチャン同士の交わりの中でそのみことばを聴くのは心地よいことです。でも一歩社会に出たとき、そのみことばがいかに大きな役割を私たちに与えているのか、感じることができます。

塩は塩同士でただ固まっていたって、光は昼間の明るいところで光っていたって、その役割を果たしません。塩は腐敗を止めるために、塩を必要としているところに行くべきだし、光は暗闇の中でこそ役割を果たします。私たちキリスト者が自ら社会に出て行く必要があります。

しかし一歩、ひとりで踏み出したとき、あまりの闇の深さに、腐敗のひどさに、めげてしまうことはないでしょうか。なるべく周りに合わせて、塩気のないように、光の目立たないようについつい生きてしまう私がいます。

でも塩は一粒では塩気を発揮できないし、光はろうそく一本では吹き消されそうになります。物理的には何人ものキリスト者といつも同じ地に立つことができないけれど、祈りは、どこにいてもできる。神さまは偏在するお方だから、どこにいても聴いてくださる。ひとりが社会の痛みの中に立つとき、祈りを通して、遠くにいても、共に塩気をきかせ、光となることができる。なんと感謝なことでしょうか。

■御国がきますように

キリスト者の召しである「平和をつくる」働きには、願い、祈りだけではなく、さまざまな方法があると思います。そのひとつが、目に見える形で意思表示をするデモであると思うし、国会議員や地方議員への要請であり、各団体で出す声明であると思います。教会として和解のための働きも、地域や、国を超えて、交わりを通してなせる働きはたくさんあると思います。

今現実には、「安保法案の廃案」という明確な目的のために多くの人が立ち上がっています。しかしこの法案が廃案になったとき、もしくは通ってしまったとき、私たちはどうするのだろうかということも考えます。たとえ安倍政権に退陣してもらったところで、その後、私たちはどういう政治を求め、どんな社会を望むのかと考えます。

今多くの人が、怒りを原動力に行動しているかもしれません。でも私たちキリスト者は、怒りに向かっているのではなく、希望に向かっているということを忘れたくありません。キリスト者は希望を抱き、希望を語る必要があると思います。「御国がきますように」と願う私たちにとって、今のこの日本社会がどうあるべきか、御国の希望をもちつつ、行動したいと思います。神の国は、どこか雲の上のふわふわした空想話ではなく、今の時こそ、神の国の実現という終末への途上なのです。今、私たちが日本という国に置かれている意味を、地に足をつけて、問いながら生きる必要があるように思うのです。

このような発言の機会が与えられたことを、心から感謝します。ありがとうございました。

平和の器として遣わしてください――二〇一六年

二〇一五年九月、安保法制は驚くほど強行的に成立しました。そして二〇一六年夏に行われた参議院選挙の結果、与党で改選過半数、改憲勢力で三分の二の議席が占められました。安倍政権の方針に反対してきた私のような人にとって、結果は「負け」かもしれません。けれどもこの背後には、全国各地の市民が立ち上がり、連帯し、政治に声を上げ、政治に参加してきた動きがありました。それは、あきらめず、希望に向かう歩みに個人が主体的に加わってきた現れであり、これからも続いていく希望だと思います。

■日常で

デモや選挙活動への参加など、緊迫した時期を終え、私は日常に戻りました。しかし日常だからこその課題があります。オリンピックや芸能ニュースなど、世間の関心が移り油断している間ほど、政治は動いていきます。解釈改憲や選挙など、緊急時には政治への関心は高まるけれども、日常に戻ると政治から疎くなりやすい弱さを感じます。しかし、緊急事態になってから知ったり、行動したりするのでは遅いのです。

そもそも政治に対して発言・行動する動機は、日常の健全な生活・いのちが脅かされることへの危機感でした。今の日本社会の日常には〝生きづらさ〟がどこか蔓延しているように感じますが、政治は遠い存在だし、どうせ変わらないというあきらめから、あえて目を向けず、発言もしない人が多いように思います。しかしこの数年を振り返ると、多くの〝普通の〟市民が時に日常生活を犠牲にしながら、政治に対して発言、行動してきました。日常をみんなが大事にできるために、日常から政治に関心を向け、監視し続けること、ひとりひとりが自分のことばで伝え、行動することが大事なのだと思います。私たちキリスト者は毎日の信仰生活の中で、政治に対しても祈りをもって向き合っていく必要があると思います。

■ことばにすること

私はこの数年で、ことばの重みを感じました。

政治家には、ことばに対して誠実であってほしいと願うようになりました。国民の声を聞きたくないという態度から生まれた強行採決、根拠や責任、一貫性のないことば。憲法を守らない、ことばを操ってはぐらかしたり、国民を騙すようなことは、もうやめてほしいのです。

そして、そんな国家権力に対し、市民、学生が勇気を出して発したことばを聞いてきました。専門家でも何でもないけれど、自分の良心、価値観、現状と照らし合わせて、素直におかしいと思うことや願いを、ことばに紡ぎ出してきたのです。国民が黙っていては、国家権力の暴走を許し、国は私たちの生活、自由や権利がないがしろにする危険があることがわかってきたからです。

政治に関わることは面倒だし、友人が遠のく、将来に響くなど、今の日本社会ではリスクもあるため、簡単ではありません。SNSが発達し、匿名での発言が容易な時代だからこそ、政治というセンシティブなことについて実名を出して個人の責任において発言することは、良くも悪くも注目を浴び、いろいろな評価を受けます。

しかし個人の自由、権利を主張すること、国家権力の間違いを指摘し、より良い社です。

会を要求することがタブーとされる社会自体がおかしいと思います。将来後悔しないように、声を上げられるうちに、権利を侵される流れに抵抗する必要があると思うのです。

リスクを恐れた自粛モードで抵抗する者がいない社会や、政治以外のことだけに夢中になる国民は、権力者にとって都合が良いのだと思います。国民の意思を超えて国家権力が濫用される流れを許していっては、ますます流れが速く強くなっていく一方なのです。

もちろん、至らない発言により受ける批判もあり、勉強不足を思い知ること、出る杭は打たれる口惜しさもあります。一方で、私のことばに気づかされたという声も聞き、周りに政治に関する情報発信や意見を口にする人が少なすぎることを実感しました。もっと多様な人の意見が交わされることが理想なのだと思います。

また、ことばにすることができない人たちの存在も知りました。選挙権のない在日外国人や、雇用環境や社会保障の不充実により日々の生活を送ることさえ精いっぱいな方が多くいます。政治判断による生活への影響が大きい人ほど、政治に関心をもつことや行動することが難しい状況にあります。その人たちのことばを発言できる人が代弁することも、大切だと思うようになりました。

また、大切な情報やことばほど潰されてしまう風潮にある日本社会の中で、勇気を出して声を上げた人や団体を応援することも大事だと知りました。学校教育に対する政治介入の強まりの中で、良識ある先生方を支えること、今夏の参院選で国民の声を受けて協力した野党を応援し、一緒に政治をつくっていくこと、真実を伝えようとするメディアや利益に踊らされない企業を選び、支えること。日常の社会生活を通しても政治に対する意思表示をすることができるのです。

■私を遣わしてください

キリスト教はことばの宗教だと聞きます。キリスト者とされた人は、この世界が神さまのことばによって造られたことを信じ、神さまのことばであるキリストを信じます。そしてことばでキリストは私の救い主と告白し、キリストのように生きたいと願います。

この日本社会に置かれている私たちにとって、政治も神さまのことばが働く信仰生活の領域のひとつです。御国の希望を告白し、行動として現すために出て行くことも時に求められているのだと思います。しかし政治自体に、また政治に関わるときに、キリストの愛から引き離す誘惑が大きいからこそ、祈りの闘い、信仰の闘いとして、みことばにとどまりながら向き合う必要があるのです。

私はかつて、罪の中に死んだ者でした。その私のためにキリストが最も弱く貧しくなり、寄りそってくださり、その血によってきよめられ、義とされ、いのちを与えられました。そしてキリストと共にあることこそが最も豊かで、平和であることを知りました。だからこそ、私たちの社会に潜む、不和、分裂、破壊などの暴力的な構造に目を向け、そこにも福音による癒しが与えられるように祈ります。

そして私自身を、平和の器として痛みのあるところに遣わしてください、そこに喜んで出て行くことができるように、と祈り続ける者とさせていただきたい。

「あなたはどこに立っているのか」、「あなたはどう生きてきたのか」、「あなたは何を願っているのか」。この日本社会のただ中で、このときに苦しい問いに、私も、あなたも、自分の問いとして受けとめ、自分のことばで語り、遣わされていってほしいと願います。

MASTER

日本における教会と国家の歴史と今
――キリスト者が政治に関心を向ける理由

KGK総主事　大嶋重徳

Ⅰ　日本の教会の歴史的過ち

私たち日本の教会には、神さまから委託された責任を果たせなかった歴史を持っています。

日本の戦後七十年を迎え、ものすごいスピードで、大きな変化が起こっているこの時代を私たちが生きていくためにも、日本の教会の歴史的課題について触れざるを得ません。これからの時代の教会を背負っていく私たちだからこそ、この国の持っている体質と、私たち日本の教会が巻き込まれた過去、犯してきた過ちを、決して消極的ではなく、きちんとふり返っておきたいと思います。なぜならば、同じ過ちをくり返さないためです。戦前・戦中・戦後、この国でどのようなことが起こってきたのかを見ていきたいと思います。

■明治政府における近代天皇制国家の確立
――天皇崇拝と軍国主義がセットになった擬似宗教国家

日本の教会史において、教会と国家との関係が問われはじめたのは、安土桃山時代、さらに江戸時代に起こったカトリックの宣教と当時の幕府の弾圧においてです。しかし最も鋭い形で、「教会」と「国家」が対峙したのは、近代天皇制が整備され、そして確立にいたる一八九〇年代のことです。

明治維新によって生まれた日本政府は、さまざまな混乱や動揺が伴う中、近代国家の形成のために、国民を統率するための新しい権威が必要でした。そこで維新政府が目をつけたのが天皇の権威でした。明治以前の天皇それ自体は、国のためにまつりごとを司る〝祭司〟として役割を果たしていました。明治政府は、この天皇の宗教的権威に目をつけたわけです。

これは欧州を訪問しながら、プロイセンに見られたキリスト教信仰の価値を日本に導入したいと考えたからだと言われます。そして明治政府は、この天皇制の宗教性を国家支配に利用するため、伊勢神社を筆頭とする「国家神道」を編み出します。

国家神道とは、すでにこの時代にも存在していた、いわゆる天皇家における「皇室神道」と、全国各地に点在する「神社神道」とを統合したものです。際立った教理があるわけではない神社神道に皇室神道をあわせた「国家神道」は、天皇を大祭司として、すべての国民をその居住地域にある神社の氏子としたのです。そしてそれに戸籍制度をあわせることによって、国家全体を中央集権的に宗教管理できる機構を作り上げたのです。

さらに維新政府のために戦死した人を、国の「英霊」として祀ることを行いました。そして「国家のために死ぬことには価値があり、尊いことなのだ」という価値観を生み出すために「靖国神社」を建て、各地に護国神社を建てられていきます。ここに天皇崇拝と軍国主義をセットとした〝擬似宗教国家〟明治政府が誕生したのです。

■大日本帝国憲法発布と、信教の自由

そして一八八九年、この天皇制の政治構造をもった大日本帝国憲法が生まれます。

第一条　大日本帝国ハ万世一系《ばんせいいっけい》ノ天皇之《これ》ヲ統治ス
第三条　天皇ハ神聖《しんせい》ニシテ侵《おか》スヘカラス

まさに天皇は神であり、聖い存在なのであって、この現人神《あらひとがみ》天皇が統治する日本は神聖であると考えたのです。まさに天皇家は、この統治機構のために利用されたわけです。

一八九〇年に発布された「教育勅語《きょういくちょくご》」というのは、学校教育がこの国家神道のいわば教会のような存在となって、「この天皇のために生まれてきた私たち赤子《せきし》は、この神の家族として生きていくことに価値がある」という国家観を幼いころから刷り込む役割を担いました。そして、天皇陛下は慈愛に満ちた国民の父親でもある、という精神的結びつきを学校で教育していったのでした。

一方で帝国憲法では、形の上では二八条で「信教の自由」がありました。これは、キリシタン迫害における欧米各国からの圧力がかかってきたことへの回避でもあったわけです。そこで「信教の自由」の確保のゆえ、政府は「国家神道は宗教ではない」という見解を出してきます。

これがこの先、末長くキリスト教会が絡め取られていく「神社非宗教論」です。そして全国各地の神社は、「神祇院《しんぎいん》」という政府組織の管轄に置かれ、神官は公務員となっていきます。

しかも、帝国憲法における信教の自由は、以下のとおりでした。

第二八条 日本臣民《しんみん》ハ安寧秩序《あんねいちつじょ》ヲ妨ケス及《および》臣民タルノ義務ニ背カサル限ニ於《お》テ信教ノ自由ヲ有《ゆう》ス

ここの鍵は「安寧秩序を妨げず」、臣民の「義務に背かざる限りにおいて」という言葉です。このときの首相伊藤博文はこう言っています。

「人間の本心の自由は国政の干渉の外に立つので、国法ではいかんともしがたい。しかしそれが外に向かい、礼拝、布教、集会、結社に及ぶとき、それらは制限される。」

つまり「信仰は内面だけにとどめておくこと」、外に表れてはいけない、と言ったのです。

■明治期におけるキリスト教会

当時のキリスト教会は、この大日本帝国憲法に反発することはありませんでした。むしろ江戸時代から続くキリシタン迫害から、「信教の自由が手に入った！」と全面的に支持したのです。なんともいえない安堵感が、教会を包んだわけです。

しかしここで本来、「安寧秩序とはなにか」「臣民の義務とはなにか」そして「キリスト教信仰と国家の関わりとはどうあるべきか」ということを問い直す必要があったのです。しかしそのことに対して、教会的告白に立つことをしませんでした。この結果、一九三〇年以降、「国体《こくたい》」（天皇を倫理的・精神的・政治的中心とする国のあり方）と呼ばれるものが牙をむいてくるとき、教会はそれに対抗する神学的思想を生み出すことができませんでした。

このことは、日本のキリスト教会の歴史における最大の悲劇だったと思います。

この背景には、明治時代にクリスチャンになった人たちの多くが、いわゆる薩長《さっちょう》土肥《どひ》と呼ばれる政権の中枢に入れなかった士族階級だったためであると言われています。彼らはそもそも新しく明治の世界になり、「自分はこの国のために何かしたい、力になりたい」と国を思う人たちでした。しかし政権の中枢に属せない自分は、どうすればいいのだろうかと考える若者たちの多くが、これからの国造りに役立つことを願って、これらの時代のために英語を学ぶことに行き着きます。そして宣教師と出会って、士族階級から多くクリスチャンになっていったと言われます。

そのことを如実に表すのが、一八七二年、日本で最初のプロテスタント教会である「横浜公会《こうかい》」（現在の日本キリスト教会・横浜海岸教会）の設立時のことです。その際、宣教師は彼らに伝えた信仰箇条の中に「天皇をおがまないこと」、さらに「王の命令に反しても信仰に反することは従わないこと」、また「父母の恩を神を大切にするほど愛着しないこと」を盛り込もうとし、信徒たちにそのことを約束させようとしました。宣教師たちは、日本の士族階級の若いキリスト者の中にある種のナショナリズムの危機を見てとったのでしょう。しかし横浜公会は、この三つを信仰箇条から外します。つまり、キリスト教会の設立当初から、「王をおがみたい」という気持ちがクリスチャンたちの中にもあり、教会の中でナショナリズムの無自覚さがあったと言えるでしょう。

さらにキリスト教会のアイデンティティは崩されていきます。

一九一二年二月、内務大臣が神道、仏教、キリスト教の代表者を招き、国民道徳の向上のために宗教界の協力を要請しました。いわゆる「三教会同《さんきょうかいどう》」と呼ばれるものです。

するとキリスト教会の代表はこの「三教会同」に対して、「基督者の立場から考ふれば、此の度のことは実際上基督教に対しても、神仏二教と同等の待遇をなす例を示したことになる。基督教は別物視され、継子扱ひされてきたのである。それで此の誤りを正すために此の度のことは助けになるであろう」と、つまり「ついにキリスト教は、仏教とも神道とも並びたつことができた」と、非常に喜んだのです。そしてキリスト教会は、国家のために執り成す役を政府から依頼されたのだ、と思ったのです。

これにより、キリスト教会は「国家公認の宗教になれる！」という国家権力のお墨付きを欲しがり、積極的に国家体制に組み込まれる第一歩を踏み出すこととなります。ここにあるのは信仰告白よりも、「この国でクリスチャンと言っても、もう変なふうに思われたりはしない」という価値を選びとった教会の姿なのではないでしょうか。このことは、現代の私たちが問われていることでもあります。

■内村不敬事件と「教育と宗教の衝突」

やがて国は鹿鳴館時代に入り、キリスト教会はこの時期、どんどんと教勢を伸ばします。全国各地でリバイバルが起こっていくのです。ある宣教師が「日本は十年を経ずしてキリスト教国になるであろう」と言ったほどでした。

しかし、一八九〇年の教育勅語発布の翌年、〝内村鑑三《うちむらかんぞう》の不敬事件〟というものが起こります。これは当時、第一高等中学校に教鞭をとっていた内村鑑三が、教育勅語に最敬礼をすることを拒んだことから起こった事件です。

これを受けて、各方面から激しい非難が内村個人に向けられました。そしてその非難は内村だけでなく、「そもそもキリスト教は日本の国体に合致するものか否か」という論争にまで発展していきます。このときの内村の振る舞いは、近代天皇制のからくりをもっとも鋭くえぐり出すものであったのです。キリスト教会はこのときこそ、この事件の本質を見抜き、明治政府における近代天皇制の擬似宗教的な側面に真っ向から対決すべきでした。

この同時期に、東京帝国大教授の井上哲次郎という人は、「教育と宗教の衝突」という論文を発表します。「キリスト者は皇祖皇宗の教えを尊ばず、神の為には命をかけるが国家の為には命をかけず、大日本帝国のことを思わず、天国を思い、天皇よりも聖書を上位に置く故に、キリスト教と日本の国体は衝突し対立せざるを得ないものである。だから不敬事件を起こすのだ」と論じたのです。

皮肉なことは、キリスト者ではない井上哲次郎のほうが、この不敬事件の本質を見抜いていました。キリスト教の性格をそのものズバリ、ノンクリスチャンに言い当てられたのです。

しかしこれに対し、キリスト教会の多くは、内村の振る舞いは不敬であり、国体を汚すものであると激しく非難しました。もちろんこの時代にも、天皇崇拝、勅語礼拝を偶像崇拝として批判するクリスチャンもいましたが、その多くは「勅語礼拝は宗教行為ではなく、公的な社会儀礼にすぎない」と容認する方向へ傾きました。

たとえば牧師であった金森通倫《かねもりつうりん》は、「宗教は人間の内面の私的な営みに限られるのだから、外側にあらわれた儀式や儀礼は宗教的意味を持たない」とし、勅語礼拝はむしろ奨励されてしかるべきだ、と述べたのです。

ここに国家の圧力からいとも簡単に敗北し、キリスト教会自らが抜け道を作るということが起こったのです。内村の提起した動機そのものを無意味に変えたのが、キリスト教会でした。むしろ信仰の告白に立とうとした内村鑑三を切り棄てたのは、キリスト教会のほうだったのです。擁護するどころか、「天皇制の秩序に背いたり脅かしたりするのではなく、キリスト教会こそ、真の忠君愛国を歌い、これを確立するのだ」と激しく内村の信仰に反論したのです。

■「皇紀二千六百年奉祝」全国基督教信徒大会

一九四〇年十月十七日、「皇紀《こうき》二千六百年奉祝《ほうしゅく》」全国基督教信徒大会と銘打たれた集会が開かれ、当日は全国から二万人のキリスト者が、東京の青山学院の校庭に集まりました。

開会宣言から、一同起立して「国歌斉唱」、皇居に向かって深々と礼をする「宮城《きゅうじょう》遥拝《ようはい》」と「黙禱」をささげ、礼拝が始まりました。開会の辞で冨田《とみた》満《みつる》牧師は、「国策の滅私奉公こそ、キリスト教の精神なのだからキリスト者は世人に先んじて滅私奉公の誠致《せいち》すべきだ」と述べ、阿部義宗《あべよしむね》は「この日こそ、日本の教会の歴史に於《お》けるペンテコステであり、新天新地の幻を見る思いである」と語りました。

ここでなされた宣言には、「神武以来の天皇の皇統を寿《ことほ》ぎ、現人神天皇を称え、戦時新体制にあって大東亜新秩序の建設に邁進しつつある祖国に倣って、われらキリスト者も教会教派の別を捨てて、合同一致し大政を翼賛《よくさん》し、尽忠報国《じんちゅうほうこく》の誠をいたさん」とうたうものでした。もはやここには、キリスト教的要素は微塵も見ることができません。そして、一九四二年、日本基督教団統理者冨田満の伊勢神社参拝がなされます。

それに先立って、一九三九年には、国家が教会の教義の内容や人事権に介入できる「宗教団体法」が成立します。そして牧師の人事権は教会にあるのではなく政府にあるのだ、とされたのです。ここでは「神社参拝を拒否するものは、安寧秩序に反する」と文部省宗教局長答弁がなされますが、このときの教会は、その法に反論する術も力も失っていました。

■神社非宗教論と「大東亜共栄圏に在る基督教徒に送る書翰」

ここで明治政府の用いた「神社非宗教論」を考えておきたいと思います。これは現在、自民党の出している改正憲法草案の取る立場と同じ構造を持っているからです。

一九三二年十月に上智大学は、「基督者の学生には神社参拝をさせない」と大学側が決めました。今でいう文部科学省は、「神社参拝は教育上の問題で、宗教の信仰如何によって例外を設けることはできない」と通達しました。すると上智大学は、この判断を受け入れます。

またプロテスタント諸教会は、「基督者がいかに処すべきかは、健全な常識の判断に拠るほかない」、つまり聖書、および信仰で判断するのではなく、クリスチャンたちの個人の判断だとしたのです。そしてあなたの持っている社会の「常識」で判断するようにと、教会の責任から個人の問題へとすり替えていったのでした。

そして「神社参拝は国民儀礼である」という政府の答弁によって、教会は「偶像礼拝とは何か」と聖書に立って判断するのではなく、国の判断、国の方針に従ったのです。そして政府が「神社参拝は偶像礼拝ではない」と言うならば、クリスチャンの多くがそれに従うようになっていったのでした。教会の礼拝は、皇居のある方向に向かって深々と礼拝する「宮城遥拝」をしたうえで始め、「君が代」を教会の公的な集会で歌うようになっていきます。

さらにこのことは、日本国内のことだけにとどまりませんでした。冨田満は日本基督教会大会議長、日本基督教連盟議長として、韓国の牧師たちに神社参拝を勧めます。「諸君の殉教精神は立派である。しかし、わが政府は基督教を捨て神道に改宗せよと迫ったか、その実を示してもらいたい。国家は国家の祭祀を国民としての諸君に要求したにすぎない」と、神社参拝を行うかぎり、日本政府はキリスト教を容認しているのだと伝えます。神社参拝は非宗教である、と日本の牧師が韓国の牧師に訴えたのです。そして信教の自由については、「明治大帝が万代におよぶ大御心をもって世界に類なき宗教の自由を賦与せられたものをみだりにさえぎるは冒瀆に値する」と述べました。

さらに「大東亜共栄圏に在る基督教徒に送る書翰」を送り、「大東亜共栄圏は、アジアの植民地支配からの解放であり、キリスト者における神の国の建設である」と教会は語り、アジア侵略を肯定し、戦争の正当性を訴えました。このことがアジア、特に韓国のキリスト教会大迫害へと繋がっていきます。

私たち日本のキリスト教会は、アジアの教会への迫害に関与したこの事実から目を背けてはいけません。

■戦後のキリスト教会の歴史

戦後、キリスト教会はこれら一連の出来事をどうとらえたのか。

じつは敗戦の翌日、一九四五年八月十六日には「戦意高揚音楽礼拝」というものが企画されていました。敗戦当日まで〝必勝態勢〟にあった日本基督教団は、敗戦後数日たった八月二十八日に作成された各教会宛の文書で、この敗戦について「天皇への忠誠の乏しさ故の事態」と懺悔し、「皇国再建への決意を新たにせよ」と呼びかけます。つまり日本が敗けたのは私たちの信仰が足りなかったからだと考えたのです。そして天皇に対して懺悔すべきであるという文書を出したのでした。「総懺悔更生運動」という伝道計画すら、企画されていたほどでした。

やがて敗戦からしばらくして教会は、一転して立場を替え、加害者の意識ではなく、

「被害者意識」へと陥っていきます。

むしろ自らの加害者性に言及するには、戦後五十年以上かかることになりました。「戦後五十年にあたっての日本福音同盟声明」では、「戦後の日本のキリスト教会は、多大な負の遺産を受け継ぐことになり、しかも、私たちはこの事実に目をむけることなく、教会全体としての悔い改めも懺悔も表明しないまま、今日に至っています」と告白しました。

戦後五十年間、今の大学生たちが生まれる年まで、罪責告白できずに沈黙し続けてきた歳月を、この日本の教会が持っていることを知っておかなければなりません。歴史に目を閉ざし、悔い改めを保留したことにより、教会が自己保身をした事実があったのです。

この真実な神の前の悔い改めができてこなかったことが、福音を伝えることを妨げ、この日本社会における福音宣教の邪魔になったのではないかと思うのです。

Ⅱ　日本の宗教性、また日本の福音派キリスト教会の持っている体質

■信仰の内面化

では、なぜ日本の教会はこのような過ちに陥ってしまったのでしょうか。

その一つは、日本における信仰理解が関係しています。それは信仰は「内面化」したもの、つまり「心の内側のものだ」と考えやすく、世界で起こっているさまざまな出来事と宗教や信仰は距離があるものだという理解です。そして日本のキリスト者たちにとっても、信仰が心の中にある内側の思いが聖くなることに心が傾きやすく、内面が霊的な状況でいることに高い関心を払ってきたのだと思います。そのために、罪の自覚と悔い改めに集中してきたということが挙げられます。

もちろん、内面の深い罪の自覚なしに、救いは理解することはできません。しかし信仰が心の内側のことだけになってしまうとき、私たちは世界・仕事・家庭のことは信仰の外の領域だと考えてしまいがちになります。

たとえば、教会では信仰はしっかりしているように見える男性が、家の中では横暴な夫、父親であるということが起こり得るわけです。「信じていることと生き方が違

う」と子どもたちは思ってしまうわけです。
また仕事は世の中のこと、肉的な世界と理解されて、信仰をもって働くということを考えたこともないということだってあるでしょう。あるいは教会の中でも声の大きい人が、「教会の人たちが言っていることなんて生ぬるく、世の中で通用しない」と、世の中のパラダイムが入り込んでくることがあります。特に政治のことになると、「教会は霊的な場所だ」と霊的という言葉がとても狭い意味で使われることもあります。

このような傾向の結果、神さまからこの世界を「管理」するようにと託された責任を果たすことよりも、救われた後にクリスチャンがすることは「罪を犯さないように敬虔な生活を送ること」になりがちです。ここには私たちキリスト者が世界で何をなすべきかという視点が欠けていき、信仰が適用できない空間があると考えてしまいがちな〝二元論的信仰〟に陥ることが起こるのです。

■個人主義的信仰

さらに私自身も育ってきた中でよく聞いたことは、「大切なのは神さまとの一対一の関係」との教えです。このことも、もちろん非常に大事なことです。自覚的な信仰の確立が大切にされ、「なんとなく信じた」のではない、「私」と「神」との間の「我」が問われていくことは信仰の土台です。しかし「私」にこだわりすぎることによって、「われわれ」つまり共同体とは何か、教会とは何かという視点が弱くなる傾向があります。

そして、「教会が信じてきた信仰の告白」に立つことよりも、個人的な確信が優位に立ち、感情的な「私に神がこう語られたのだから」という言葉が、教会の告白すべてを覆してしまうことがあります。「われわれ」という教会の信仰告白に立ったのならば、その個人的な確信というものは、じつは誤った理解であることも起こりうるのです。そういう意味では、日本の教会は、教会論、共同体としての意識がとても低い傾向があるのです。

この個人主義的信仰の傾向は、アジアおよび世界のクリスチャンと「共に」「われら」を形成するという視点も欠けやすく、世界大の交わりから信仰をとらえるのではなく、「私」の教団、「私」の国の信仰に視野が終始してしまいがちです。

■信仰の非歴史性

また福音派の教会においては、歴史的振り返りの力が弱い傾向があります。「過去どうであったか」よりも「今、この時がどうか」が大切にされます。歴史から学ぶということよりも、今の自分たちの教会がどれだけ成長するのか、に関心が向きやすいのです。そして過去から学ばないため、歴史的には同じ失敗をくり返しやすい傾向にあります。

また「水に流す」という日本的な発想から、悔い改めをきちんとすることができないまま、次に向かって行ってしまいます。さらに過去の罪責を批判をすること、その失敗の歴史を学ぶということは、先人の名誉を傷つけることだと思ってしまいがちです。

しかし、歴史の中で教会がどのような過ちを犯してしまったのか、そこから教会は何を学んできたのか、しかも聖霊なる神は、その過ちを犯した教会をあきらめずに、どのような導きを世界の教会に与えられてきたのか、ということから学んでいくことをあまりしてこなかったように思います。じつは歴史をきちんと学ぶと、今起こっている教会の問題のほとんどは、二千年の教会の歴史で同じことをやってきているのです。

クリスチャンは歴史をどのように見るのかということを、旧新約聖書のイスラエルの民と使徒の時代の教会に、そもそも神さまはどのように働かれたのかと、歴史のものの見方を聖書から学んでいく必要があるでしょう。その歴史を学んでいくとき、歴史を見つめるキリスト者の歴史観が形成されていくのです。

Ⅲ　今、キリスト教会に差し迫っている危機

■戦後の信教の自由を守る戦い――靖国闘争と天皇問題

一九六四年から一九七四年に至る十年間、靖国神社の「宗教法人」から「特殊法人」とする法案が自民党から五回にわたり、国会に提出され続けたということがありました。

これはいったい何かというと、靖国神社は「宗教」ではなく、国家のために亡くなった人を国家の手によって慰めるのは当然のことであって、靖国に見られる英霊こそが国民道徳の規範であり、国を愛し、天皇のために殉じることが日本国民の道徳的義務であるという思想が背景にある法案でした。そしてこの法案は、一時強行採決により衆議院を通過したほどでした。

しかし、靖国に見られる歴史観には、大きな問題があります。靖国神社に祀られるのは、同じ戦争で生命を奪われた人でも、原爆や戦災で死んだ人は含まれず、文字ど

おり天皇の兵隊として亡くなった人間だけが選ばれるのです。キリスト教会はこの法案提出に関しては、この時期「靖国闘争」と呼ばれる国をあげた議論に加わり、この法案を廃案に追い込んでいくことを、全力で行いました。

しかしこの「靖国法案」廃案後も、ここで現れた歴史観は幾度となく顔を出してきます。その十年後、一九八五年一月、中曾根康弘総理大臣は、第一〇二回通常国会での施政方針演説で、「戦後政治の総決算」を標ぼうするとして、教育基本法、戦後歴史教育の見直し、靖国神社公式参拝、国家予算における防衛費一%枠の撤廃を行うとしました。

さらに十年後、一九九六年には、「新しい歴史教科書をつくる会」が、この国に出てきます。既存の歴史教科書は「自虐史観」に満ちていると批判し、それに代わる「東京裁判史観」や「社会主義幻想史観」の双方の呪縛から解かれた、「自由主義史観」に基づく「新しい歴史教科書」を作るのだという団体です。それから二十年経ち、この教科書が各地で採用され、その教科書で育てられた世代が次々と生まれ、現在に至ります。

■国旗・国歌法

また一九九九年の「国旗・国歌法」制定のときには、キリスト者たちが「君が代の『君』とは天皇であって、天皇の世が千代、八千代に続くことを歌うことはできない。私たちはこの世界を創造された神の時を歩んでいるんだ」と、この法案に対しても、反対の声をあげました。

じつはそれまで「君」とは、国民主権である「国民のことだ」という声もあったり、君が代とは「詠人知らず」とされる恋の歌であって、天皇のことを言っているのではないという論調もあったのです。しかしこの国旗・国歌法の制定の際、当時の野中広務官房長官は「従来いろんな定義があるが、今回（国旗・国歌）法案提出にあたり、新しい憲法の下における象徴天皇を『君』とし、象徴天皇を戴くわが国の今後の国家としての発展を願うという意味に位置づけた」と、つまり「君が代」の「君」は天皇を指すことを国会で答弁しました。そしてこの歌は絶対に「強制されることはない」と述べました。

しかし現在、「君が代」を歌わなければ、教員たちは処分される時代に入りました。東京都の「君が代訴訟」に続々と敗訴の知らせが届いています。また、大阪府の中原教育長通知では、「入学式や卒業式での君が代斉唱の際の校長・准校長の職務として、

『教職員の起立と斉唱をそれぞれ現認する。目視で教頭や事務長が行う』と明記。結果を文書で報告するよう」求めました。つまり大阪の教育現場では、口パクがどうかを教師全員に確認するということまで、教育長通達で行っているのです。何百人もの教師が、これで処分されています。

Ⅳ　差し迫っている危機　信教の自由が奪われる

■有事法制三法案、七法案――信教の自由が制限される

「信教の自由」が奪われる危機はすでに起こってきています。

二〇〇二年、福田康夫官房長官（当時）は衆院有事法制特別委員会の質疑で「武力攻撃事態が起こった場合、国民の権利は制限されますか」という質問に、「思想、良心、信教の自由が制約を受けることもありうる」という政府見解を述べました。さらに「作戦行動中の教会や、神社、仏閣の徴収や撤去は可能か？」という質問に対しては、「根拠となる法律は必要だが、収用されることはありうる」との答弁がありました。

今、憲法論議で、日本国憲法で、「緊急事態条項」を作るかどうかという動きがあ

りますが、すでに「教会は徴収されるかもしれない」ということは、二〇〇二年の段階で官房長官レベルの見解として出されていたのです。

■自民党の憲法改正案について

そして、何よりも私たちに差し迫っている危機は、先ほども述べましたが、自民党が出している憲法改正案です。「改正」ではない、「改悪」だという議論がありますが、ここではそのまま改正という言葉を用いたいと思います。

このもっとも大きな問題点は、憲法の枠組みそのものを変えようとすることにあります。法律が国民の犯罪を縛るものであるならば、当然、憲法は国家権力の暴走を縛るものとしてあるからです。しかし自民党が出してきた草案を見ると、個人よりも国家が優先される施政を作ろうとし、戦後の平和主義の放棄と、さきほどの「緊急事態条項」を入れようとしています。ナチス・ドイツの時代、あのワイマール憲法をすべてダメにされたのは、憲法改正の中でこの「緊急事態条項」を通したからだと言われています。ナチス・ドイツは「緊急事態条項」の緊急事態宣言において、国会の承認、法の整備をなさずとも、危機対応という名のもとであの悪政を行ったのです。さらに自民党の改正案の問題点はいくつもありますし、九条については多くの議論がすでにされているとおりです。

しかし今日、私たちはキリストを信じる者として、ここでは信教の自由の制限されることに焦点を絞りたいと思います。

それは特に、日本国憲法第二〇条、二一条の自民党改正草案です。

現行憲法

第二〇条　信教の自由は、何人に対してもこれを保障する。いかなる宗教団体も、国から特権を受け、又は政治上の権力を行使してはならない。

二　何人も、宗教上の行為、祝典、儀式又は行事に参加することを強制されない。

三　国及びその機関は、宗教教育その他いかなる宗教的活動もしてはならない。

第二一条　集会、結社及び言論、出版その他一切の表現の自由は、これを保障する。

これに対して、自民党改正草案は――

第二〇条 信教の自由は、保障する。国は、いかなる宗教団体に対しても、特権を与えてはならない。

二 何人も、宗教上の行為、祝典、儀式又は行事に参加することを強制されない。

三 国及び地方自治体その他の公共団体は、特定の宗教のための教育その他の宗教的活動をしてはならない。ただし、社会的儀礼又は習俗的行為の範囲を超えないものについては、この限りでない。

第二一条 集会、結社及び言論、出版その他一切の表現の自由は、保障する。

二 前項の規定にかかわらず、公益及び公の秩序を害することを目的とした活動を行い、並びにそれを目的として結社をすることは、認められない。

（傍点筆者）

自民党改正草案には、二〇条に明らかに加えられたのが、「ただし、社会的儀礼又は習俗的行為の範囲を超えないものについては、この限りでない」です。ここの問題点は、だれが「社会的儀礼」だと判断するのか、だれが「習俗的行為の範囲」を定めるのか、だれが「公の秩序」を害していると判断するのかいう点です。

すでにこれまでの戦前、戦中の歴史において見てきたように、大日本帝国憲法の「安寧秩序ヲ妨ス及臣民タルノ義務ニ背カサル限リニ於テ」という構造が、そのままここに再現されているのです。つまり、ここでは、国が「社会的儀礼、習俗的行為の範囲」を定めようとする強い意志が現れています。

この憲法改正の第一の目的と言われているのが、天皇の靖国参拝の合憲化を目指そうとする動きです。かつてこの現行日本国憲法のもとで、牧師が中心となって原告団が組まれた「岩手靖国訴訟」において、総理大臣の靖国神社参拝について「違憲」の判断が下されました。各地でなされた靖国訴訟の判決参照になりました。しかしこの自民党案憲法改正によると、靖国神社参拝は、戦前、戦中と同じく社会的儀礼の一つとされ、憲法下で神社参拝への信教の自由が守られなくなることが起こります。

そして学校教育の行事としての神社参拝、靖国神社、護国神社参拝が可能となっていきます。つまり、国のために死んだ人たちに感謝をささげ、神と顕彰されている場所に修学旅行などで訪れ、愛国心を育てる教育への道を開かれていきます。

もしクリスチャンの子どもたちが「先生、私は神社参拝を信仰上の理由でできません」と言うと、「いや、これは社会的儀礼なんだから、習俗的行為を超えていないんだよ」と、クリスチャンの教師も答えないといけなくなるのが、第二〇条改正なのです。そして、子どもたちをそういう教師の前に立たせなければならない事態になるのです。

また自民党改正草案の、二一条の「集会、結社及び言論、出版の自由」は、「公益及び公の秩序を害することを目的とした活動を行い、並びにそれを目的として結社をすることは、認められない」という一文が加えられました。

ここにも明確な自民党草案の強い意志が表現されています。自由に集まることの許されない「公益及び公の秩序を害することを目的とした活動」とは、だれが判断するのでしょうか。自由に表現し、自由に集まることの制限をしなければならない、という強い意図がここにあります。

もしその判断をし得るだれかに「公益及び公の秩序を害することを目的とした活動」とみなされたなら、教会はただちに解散命令が出されることを意味します。礼拝と称した集会を行うことも、週報、月報を出すことさえも「公の秩序を害する」活動とみなされることもあり得るわけです。このような本を出版することも、私たちが集まってこのように集会を開くことさえできない時代が来るかもしれません。そしてそれが、わずか七十年前のこの日本で確かに起こったのです。

もちろん、この二一条の改正案の背景には、オウム真理教などの暴力的なカルト宗教による大事件が起こったことも指摘されるでしょう。しかしそれは法整備をしっかり行うことで対応することができますし、事実、そのようにしてきました。

くり返しますが、憲法は国家、政府の暴走を縛るためのものであり、国民の権利を守るために存在するのです。

このような二〇条、二一条の改正案は、キリスト者としてこの国に生きる信教の自由を守るために、認めるわけにはいかないのです。なぜなら信教の自由が制限され、国家の権力が介入され、礼拝を自由にささげることのできなくなった苦しみと悲しみの経験を、日本の教会は味わったからです。私たちは再びそのような可能性が芽生えるものに対して、敏感であらねばなりません。

さらに、第八九条の改正案も大きな問題です。

現行憲法
第八九条　公金その他の公の財産は、宗教上の組織若しくは団体の使用、便益若しくは維持のため、又は公の支配に属しない慈善、教育若しくは博愛の事業に対し、これを支出し、又はその利用に供してはならない。

自民党改正草案

第八九条 公金その他の公の財産は、第二〇条第三項の規定による制限を超えて、宗教的活動を行う組織又は団体の使用、便益若しくは維持のため、支出し、又はその利用に供してはならない。

これは何を言っているのかというと、二〇条改正草案第三項「国及び地方自治体その他の公共団体は、特定の宗教のための教育その他の宗教的活動をしてはならない。ただし、社会的儀礼又は習俗的行為の範囲を超えないものについては、この限りでない」が確定すると、国が定める「社会的儀礼、習俗的範囲」に関しては、公金その他の公の財産を使用することができるのです。

つまり靖国神社や、国の定める「社会的儀礼」に類すると判断されるものに、公金の支出が可能となります。また特に大嘗祭に見られる天皇代替わりに行われる宗教儀式にも、税金の支出が憲法上、可能となるのです。

これによって、キリスト教界に起こることは、国の定める「社会的儀礼又習俗的行為」と判断する「君が代斉唱、日の丸掲揚」を行わないミッションスクールでは、私学助成金の支給を止めることも可能となってくるということです。

先日、大阪のミッションスクールの先生とお話しする機会があったのですが、すでに大阪ではミッションスクールに君が代斉唱をしなければならないという通達が来ていると言っていました。いくつかのミッションスクールでは、「やむなし」の判断も起こり始めているそうです。しかしある学校では、「私たちは卒業式ではなく卒業礼拝なので、賛美歌以外は歌うことができない」という返答をしていると聞きましたが、事態はもうそこまで進んでいます。

さらに、今は聖書に照らして普通になされている学校のチャペル礼拝も、「公益及び公の秩序を害することを目的とした活動」になっていないかと、聖書に照らした礼拝ではなく、現行憲法とその解釈者の意向に照らした礼拝を行わなければならなくなります。

もし八九条が自民党案のとおりに改定されてしまったら、全国のミッションスクールは、礼拝をやめて私学助成金をもらうか、私学助成金を断って礼拝を続けて経営困難になるか、どちらかの選択を迫られることになりうるのです。

■信教の自由と教育の問題

さらに直近でもっとも警戒することは、中央教育審議会が「道徳の教科化」を二〇一八年から導入するということです。道徳が教科になるということは、それによって成績がつけられることになります。つまり、子どもたちは、文科省の認定する教科書の価値観に沿った子どもであるかどうかが、成績として評価され、成績に道徳観が反映されることになるのです。そして道徳の成績の結果で、通知表の評定平均値が上がるか下がるかが問われるようになったら、クリスチャンホームであっても「もう、しようがないよ。形だけやっておけば」と親も、あるいは子ども自身も、教会もそう言う日が来るかもしれません。愛国心の強い、右翼的な教師が担任になれば、それは、そんなに遠くない先のことになります。

かつて神棚に手を合わせることを「しようがないよ。形だけだから……」と言ってしまったあの戦中と同じように、信仰の内面と外面をうまく使い分けながら、「大丈夫、心のうちではちゃんと信じているのだから」と言ってしまう事態が、すぐそこまで近づいて来ているのです。「信仰の良心」が踏みにじられることが起こってきていることを知っておく必要があるでしょう。

もちろん、ここですべての問題について触れることはできませんが、日本国内には信教の自由の危機のほかにも排外主義、沖縄や福島の犠牲のことなども、私たちは知り、また忘れてはいけない内容だと思います。キリスト者としていのちと平和の問題は、信仰の事柄なのです。

V 最後に

■キリスト教会内に聞こえてくる声と、「信仰告白の事態」

このようなテーマに、私たちが取り組む時に上がってくる声は「教会は政治的に中立であるべきではないのですか」「逆全体主義だ」という声です。また「政教分離の原則に反しているのではないか」という声も聞きます。あるいは「そんなことを言ってるから伝道ができないのだ」と言われます。

しかし誤解をしてはならないのは、政教分離の原則とは、「宗教が政治に関わらないのではなく、政治に宗教介入させない」という教会の自律性を守ることを意味しているのです。こういう発言を教会自らがするということは、教会の自律性を放棄することを意味します。

神学用語の中で、「信仰告白の事態」(Satus Confessions) という言葉があります。

これは、「主イエス・キリストをただひとりの救い主」と言い表す信仰告白が脅かされ、揺るがされるような危機的事態を指す言葉です。これに相対する言葉は「アディアフォラ」で、これは「善とも悪とも断定できない。まあ、聖書から見てもどっちでもいいよ」という意味です。

問題は今起こっている事態が、アディアフォラの事態なのか、偶像礼拝にも抵触する「信仰告白の事態」なのかということです。そして今、「信教の自由」を奪われる事態と考えるのであれば、私たちキリスト教会にとって「どちらでもいいよね（アディアフォラ）」という立場を続けるのではなく、やはりきちんと対峙しなくてはなりません。

私たちがここでしておきたいことは、「イエス・キリストが主である」という信仰告白の継続なのです。「やっぱりイエスさまが主だよね」と言い続けたいのです。

■信じた告白のように生きること

またこのテーマに取り組むことと、伝道とは別の事柄ではありません。私はひとりの牧師として、KGKの主事として、ひたすら願うことは、一人でも多くの人に伝道することです。一人でも多くの魂が救われて、イエス・キリストの福音に生かされることです。

語弊を恐れずに言うと、私はあまり正義感の強いタイプでもなく、市民運動、社会運動に得意なほうでもありません。青年期においても左翼的なタイプでも、右翼的なタイプでもなく、むしろノンポリ学生の一人でした。

しかし、ではなぜこのような話をしているのかというと、この伝道の中心である「イエスは主である」ことが言えなくなる時代が来つつあることを、本当に心配しているからです。私たちがイエス・キリストと出会って、受け取ったこの救いに生かされていくとき、私たちは自分たちが生かされたこの福音を次の時代にもちゃんと語り伝えていきたいのです。制限されたような福音宣教、信仰の告白にならないような混ざりものの福音を、我が家の子どもたち、孫たち、次の世代の学生たちに伝えたくはないのです。

この国がきちんと伝道ができる国であり続けること、そのことのために闘うことは、罪と闘ってきよさに生きることと一つのことだと思っているからです。

神を神とさせない世界観、そこに目をつぶって生きることは罪です。むしろ、いろいろな人からあれこれ言われたりすると怯えやすい自分は、「黙っているほうが楽だ」という罪とも闘わなければなりません。もし信じるべき信仰の内容が、伝えるべき福音の内容を歪めてまで伝えたとして、そこで受け取った生き生きとした信仰には、本当の福音の喜びがあるのかと問わなければなりません。

むしろ、ここで本気でクリスチャンたちが信仰の告白に生きるならば、「ああ、教会の人はそこできちんと闘ってくれるんだね」と証しになるのだと思います。

私たちが教会の礼拝の説教で、「イエスは主だ」と語ったのならば、それは私たちクリスチャンの内側の問題におさまるのかというと、そうではありません。「イエスは主」。この言葉は、私たちの生き方にも関わってくるのです。夫として、妻として、子どもとして、社会人として、信じているとおり生きようとするとき、この生き方は、私たちの生きている全領域に光を放つ福音の生き方として輝いていくのです。どの時間も、どの場所でも、だれに対してでも、「イエスは主」、そう告白し続ける生き方、これこそ、私たちがイエスさまに出会って、身につけた生き方のです。

■歴史に学び、歴史を生きる

だからこそ私たちは、聖書を学び、聖書に生きていく必要があります。そして聖書から導き出される、この時代の生き方を模索していく必要があるのです。そのために必要なことは、これからも歴史をきちんと学び続ける必要があります。歴史は苦手だという人がいるでしょう。私もそのうちの一人でした。

しかし、歴史は私たちの抱える信仰の弱さを教えてくれます。もし歴史に学ばないなら、荒れ狂い、すごいスピードで変化していくこの時代の中で、立ち止まって冷静に物事を見ることができなくなります。「しようがないよね」と、あきらめてしまうことさえ起こるでしょう。そのようなときに、立ち止まることを教えてくれるのは、歴史を学ぶところからです。

先日、このテーマを話してくださった老牧師が「こんな時代が来て、忸怩たる思いがする。戦争を知っている私たちの世代は何をしてきたのだろうか、自分たちの宣教とは何だったのだろうか」と言われました。そのように言っておられる先輩牧師の言葉の重みを、私たちの世代は深く受け止めたいと思います。

歴史を学ばなければ、私たちはいとも簡単に自らの働きを誇り、自らを絶対化するようになります。同時に歴史を学ぶとき、私たちは必ずある種のわきまえと、主からの謙遜をいただきながら、神の国建設とはどういうことなのかを考え、この告白に生きる歩みを続けることができます。

そして歴史を学ぶとき、どれだけの弱さがあったとしても、それでもなお主は私たちのことをあきらめず、あわれみをもって導いてくださっていることがわかります。

そして、今のこの時代もまた主が関わり、私たちを通してこの歴史に生きることを導いてくださると、希望を告白することができるです。歴史を支配する主がおられることを確信するときに、私たちはたとえ人数が少なくても、本当の王である方がだれなのか、本当にこの時代を支配し、治めておられる方がだれなのか、ということのゆえに、私たちは人数の少なさを恐れる必要はありません。真に恐れるべき方は、この世界を造り、ひとり子を十字架につけて私たちの罪を赦し、愛してくださっている方を恐れるべきなのです。

私たちの世代はこれから「おじいちゃんはなぜ、あんなわかりやすい時代の変化があったのに、闘うことができなかったの?」「何をしていたの?」と孫に問われる時代を迎えるでしょう。しかし、教会は「おじいちゃんはな、闘ったんやぞ」と言える次世代への闘い方を選びとるキリスト教会の一つでありたいと思うのです。

■ 共に生きること

この学び続けることをやめないとき、少しずつ生き方の「向き」が定まっていきます。そしてその中で、自分と違う意見の人の言葉にも耳を傾け、共に祈り合っていくこととなるでしょう。批判してくる人を見ると、私もとても傷つきます。でもそこからも学ぶことです。聖書から共に学び、変わっていくために、耳を傾ける者であることが大切です。

個人主義的傾向がある自分を自覚しながら、そこから抜け出すために、教会の中を歩んでいきたいと思います。教会から離れていく闘いは、大きな問題です。教会から離れて、個人の声で叫ぶ叫びは、非常に暴力的になります。

教会の交わりの中で、愛の交わりの中で築かれていく信仰の言葉を、大切にしていきたいと思います。そして世界のクリスチャンとの交わりに生きることです。迫害の中に苦しんでいる兄弟姉妹のためにも、祈ることです。

とりわけアジアのキリスト者と友だちになりましょう。互いの生き方から学び、歴史を互いに知り合う必要があるでしょう。私たち日本のクリスチャンは、戦中、戦前の教会の歴史に痛みを持っているからこそ、教会と国家の問題に自覚的に見つめる眼差しを与えられているのだと思います。むしろ教会と国家が無自覚に一体化してしまっている国のクリスチャンに役立つことができるのだと思います。

そのような福音の生き方の実を結ぶために、これからも忠実に歩んでいきたいと思います。

書き終えて――

「とうとうこの時がきたか」という感覚である。言葉にして立ち位置を他人に表明しなければならない。個人的に長らく葛藤してきたテーマであり、それは今も変わらない面もある。「これが正しい」と明確に確信しきれないことに対して、「言葉にする」という責任を負うことは私にとって簡単なことではなかった。

しかし不思議な導きの中で、主がこの事柄のただ中に私を置かれた。置き続けてくださった。その足跡を見る時に、〝私自身の納得〟以上に信仰の問題として考えるように導かれていった。主がおられて、私をさまざまな出会いや「言葉にする」機会が与えられたことにはきっと意味があるのだと信じている。そのような意味で、これからも言葉にすることを諦めないでいたい。（吉村直人）

自分の意見をことばにして表明する機会があるといつも、「なぜ私なのだろう」と思う。人前で話すこと、立場を表明することは、怖い。どこかで「消費」されているような感覚もある。でも、私が今このような形で用いられているということは、ちゃんと受け止めなければいけない、とも思っている。ツッコミどころ、取られる揚げ足、甘い詰め。数え切れないと思う。でも、こういう機会があるといつも思う。「あなたは、どう生きるの?」それが結局、私が伝えたいことだ、と。普通に日常生活を送っているあなたがそのまま、自分のこととして、政治のことも考える。みんなが「私の生き方の問題なんだ」って気づいてくれたら、と思っている。

（桑島みくに）

今回書いてみて改めて感じたこと、それは、KGK主事として「学生たちに教えられてきたものが大きい」ということだ。自分と違うタイプの人たちの意見や思いを聞く中で、決して自分がすべてではないことを知った。それぞれの人が歳や経験を超えて、自分の生きている日常から、同じ高さで対話していくこと。学生たちのことばを軽んじず、その重みをしっかりと受け止めて、打ち返すこと。それ以上でもそれ以下でもない、その人の唯一の「生」を大切にすること。ことばにできることも、ことばにできないことも、ふくよかな心で扱っていくこと。そんな「生き方」を、いろんな人との関わりの中で、ぼくは今日も教えられている。

（佐藤　勇）

著者

大嶋重徳（おおしま・しげのり）

1997年からキリスト者学生会主事となり、学生伝道に携わる。現在はKGK総主事。著書に『おかんとボクの信仰継承』（いのちのことば社）、『若者と生きる教会』『自由への指針』（以上、教文館）などがある。

桑島みくに（くわじま・みくに）

横浜市立大学国際総合科学部4年。JECAかもい聖書教会会員。

佐藤勇（さとう・ゆう）

1992年生まれ。国際基督教大学卒業。「希望を告白する朝」として国会前で毎月行われている祈禱会の運営メンバー。2017年3月まで、キリスト者学生会非常勤主事。

吉村直人（よしむら・なおと）

1992年生まれ。日本大学卒業。
大学時代、キリスト者学生会運動に携わり、現在、KGK主事。

生き方の問題なんだ。

2017年2月25日　発行
2017年5月1日　再刷

著　者　大嶋重徳・桑島みくに
　　　　佐藤　勇・吉村直人
印刷製本　モリモト印刷株式会社
発　行　いのちのことば社
〒164-0001 東京都中野区中野2-1-5
電話 03-5341-6922（編集）
03-5341-6920（営業）
FAX03-5341-6921
e-mail:support@wlpm.or.jp
http://www.wlpm.or.jp/

ISBN 978-4-264-03620-3